이 책을 읽는 당신, 저와 함께 다시 분발해보지 않겠습니까?

당신이 분발한 순간, 저도 분발할 수 있습니다.

그런 당신에게

이 책을 드립니다.

스물아홉,
너를 원하라

29

두려움을 넘어 Top에 도전하기까지

스물아홉,
너를 원하라

무라오 류스케 지음 · 황선종 옮김

케이디북스
KD books

내가 할 수 있는 것이
이것밖에 없어 달렸지만 지금 난
유명한 장애인 국가대표 선수다!

소에지마 마사준

1994년 7월 27일 오후, 가업을 돕는 와중에 철판에 깔려 척추를 크게 다쳤다. 그 뒤 휠체어 없이는 돌아다니지 못하는 삶을 살게 되었다. 당시 스물네 살이었다. 그렇게 '장애인'의 세계에 발을 디디게 되었다.

'과연 난 불쌍한 존재일까?'

'장애인다운 삶은 무엇일까?'

수없이 고민하며 갈등한 끝에 장애인답게 살아가는 것이 나의 삶이라고 생각하고 이십 대를 보냈다. 그러던 어느 날, 막 서른 살에 접어들 무렵 장애인올림픽을 보게 되었다. 장애인올림픽 선수들의 모습을 보고 내가 이대로 살아가도 괜찮은 건지, 먼 훗날 후회하는 삶을 살게 되는 것은 아닌지, 라는 생각이 강하게 들었다. 그것을 계기로 정사원이었던 나는 파트타임 직원으로 전환하고 운동을 시작했다.

그 결과 2004년 아테네 장애인올림픽에 출전해 400미터 릴레이에서 동메달을 획득했다. 하지만 2008년 베이징 장애인올림픽 마라톤 대회에서 메달권을 향해 선두를 달리다가 경기장 입구에서 후속 선수와 부딪쳐 넘어지는 바람에 결국 12위에 그치고 말았다. 아직도 그 분함이 가시지 않지만 지금은 2012년 런던 올림픽을 준비 중이다.

많은 사람들이 묻는다.

당신은 왜 달리냐고?

그 질문에 나는 이렇게 대답한다.

내가 할 수 있는 일이 그것밖에 없다고.

그래서 달렸다. 그리고 그 매력에 깊이 빠졌다. 스스로 납득이 될 때까지 나는 나 자신을 위해 달렸고, 그 후에는 다른 사람의 응원에 보답하기 위해 달렸다. 그래서 지금의 내가 있는 것이다.

수많은 사람들이 격려의 메시지를 보내준다.

"힘내요!"

"늘 응원하고 있어요!"

"덕분에 살아갈 힘을 얻었습니다!"

처음에는 내가 할 줄 아는 게 달리는 것밖에 없어 달렸는데, 지금은 그런 점을 많은 사람들이 인정해주고 있다. 그 안에서 나는 '내가 있어야 할 곳'을 찾을 수 있었다. 인생이란 그런 것이라고 생각한다.

지금 내가 이 글을 쓰고 있는 것은 내가 장애인인데도 불구하고 열심히 살고 있다는 점을 말하기 위해서가 아니다. 나는 휠체어를 타고 다니는 장애인이지만 소에지마 마사준으로서 나의 인생을 후회 없이 즐기고 싶고, 그러기 위해 노력하고 있을 뿐이라는 점을 말하고 싶다.

휠체어 마라톤은 내 인생을 바꾸어주었다. 베이징 장애인올림픽 때의 그 분했던 마음을 풀지 못한 채 이대로 그만둘 수는 없을뿐더러 나 자신과 나를 응원해주는 사람 그리고 내가 달리는 모습을 보고 힘을 얻는 사람 등 모두에게 감사하는 마음을 보여주기 위해서라도 런던 장애인올림픽에서 금메달을 따고 싶다.

앞으로 18개월, 난 전력을 다할 것이다.

자신에 맞는 원칙을 세우고
그것을 독하게 지켜나간다!

다카하시 유키_가사 연구가며 (주)베어즈 이사

난 종종 어머니에게서 "넌 삶이 재미있어 죽겠지?"라는 말을 듣곤 한다. 하지만 난 이 말을 이 책의 저자이며 친애하는 친구인 무라오 류스케에게 하고 싶다.

"넌 삶이 재미있어 죽겠지?"

왜 우리는 삶이 재미있을까? 아마도 독자들은 의아하게 생각할 수도 있을 것이다. 돈이 많아서일까? 아니면 직장이 좋아서일까? 아니면 애인이 예뻐서일까? 다 틀렸다. 우리에게도 다른 사람 못지않게 뜻하지 않은 사건도 터지고 근심거리도 생긴다. 그리고 우리도 그런 것 때문에 고민하고 슬퍼한다. 때로는 눈물을 흘리면서 가슴 아파한다. 어쩌면 삶을 재미있게 사는 사람이 더 많은 슬픔을 안고 있는지도 모른다. 그 슬픔을 주체하지 못하기 때문에 더 재미있게 살려고 노력하는 것이다. 그렇다. 우리에게 삶이 재미있는 것은 그렇게 살기 위해 노력하기 때문인 것이다.

주제넘게도 우리는 우리의 존재를 통해 많은 사람들이 즐거울 수 있다면 그것으로 우리의 소명을 다한 것이라고 생각한다. '조금이라도 더 많은 웃음을 자아내자'가 우리의 모토인 것이다.

종종 TV에서 골프 선수인 이시카와 료石川遼나 야구 선수인 사이토 유키斎藤佑樹의 활기찬 모습을 볼 수 있는데 그들 또한 자신만의 원칙을 독하게 지켜왔기 때문에 오늘날 그런 멋진 모습으로 우리에게 용기와 꿈을 줄 수 있었을 것이다.

내가 아는 무라오 류스케라는 남자도 이 책에서 소개하는 모든 원칙을 자신에 맞게 지켜나가고, 또는 그것을 진화시키면서 살아가고 있다. 하지만 이것은 결코 쉬운 일이 아니다. 그럼에도 그는 마음이 건강한 남자이기에 그 일들을 자연스럽게 해내고 있다.

마음이 건강하면 모든 일에 강해질 수 있으며, 자신을 사랑할 수 있다. 스스로 지켜나가는 원칙을 고통스럽게 받아들이지 않고 즐길 수 있는 것이다.

지극히 평범한 말이지만 책읽기는 인생을 풍요롭게 해준다. 인생을 쌓아가는 과정인 이 시기에 이 책을 만난 것은 나에게도, 이 책을 읽는 독자에게도 행운일 것이다. 꼭 몇 번 되풀이해 읽기 바란다. 그러면 언젠가 당신 인생에 웃음꽃이 활짝 피어날 것이다.

'인생을 통째로 사랑합시다!'를 원칙으로 내세우는 다카하시 유키가 이 인연에 사랑과 감사를 담아서 이 글을 쓴다.

당신의 성장해야 나도 성장한다!
이 책을 통해 당신이 성장할수록
나의 성취도가 높아진다

2011년, **무라오 류스케**가 당신에게 보내며

스물아홉이란 나이를 시간으로 표현하면 오전 9시 35분 정도에 해당한다. 당신의 9시 35분은 어떤가? 아침 업무를 시작하기 위해 분주하게 이메일을 확인하는 사람도 있을 것이고, 오늘 해야 할 일을 체크하는 사람도 있을 것이고, 오후 업무를 완벽하게 처리하기 위해서 회의를 하는 사람도 있을 것이다. 하지만 이 일을 하기 전에 당신이 하는 것이 있다. 모닝 커피 또는 모닝 티를 마시면서 오늘 하루도 보람차게 보내보자며, 의욕을 불태우는, 그것 말이다.

이 시간대는 왠지 모르게 무질서한 분주함이 떠돌아다니지만 기분은 산뜻하다. 맑은 공기를 마신 것처럼 신선한 기분이 드는 것이다. 머리가 상쾌하고 의욕이 왕성하게 솟아나 무엇이든 해낼 수 있을 것 같은 착각까지 들 정도다.

그리고 당신이 이 시간부터 한낮까지 어떻게 보내는지에 따라, 어떤 마음가짐을 갖고 있느냐에 따라, 그날 당신의 성취도가 달라질 것이다. 또 그것은 당신의 인생을 좌우하는 시간이 될 것이다. 이 시기에 당신이 만든, 당신을 성장시키는 원칙이 당신의 인생에 큰 영향을 미치기 때문이다. 이 시기에 구축하는 역량과 위치가 앞으로 20년간 당신이 누릴 역량과 위치가 된다는 것은 굳이 말할 필요도 없다. 이 책을 읽기 전, 당신이 어떻게 사느냐에 따라, 삶을 어떻게 활용하느냐에 따라, 당신의 인생이 달라진다는 점을 확실하게 인식했으면 한다. 그래야만 이 책이 주는 메시지를 좀 더 깊이 헤아릴 수 있기 때문이다.

앞으로 스물아홉 살을 맞이하는 당신, 지금 스물아홉 살인 당신이, 이 책을 통해 더 많이 성장했으면 하는 바람을 가져본다. 그래야만 내가 이 책을 통해 얻는 성취도가 높기 때문이다. 당신이 성장해야 나도 성장하는 것이다. 그리고 언젠가 당신과 함께 일할 수 있는 날이 오기를 기원해본다. 우리는 언제 어디서나 만날 수 있는 동지가 될 수 있다.

감사글

혼자서 할 수 있는 일은
이 세상에 없다

어떤 일도 절대 혼자서는 할 수 없다. 혼자 공예품을 만들어 파는 장인에게도 그의 작품을 사는 사람이 없으면 장인이라는 타이틀이 주어지지 않는다. 적어도 '일'이 되기 위해서는 최소한 두 사람 이상이 힘을 모아야 한다.

하물며 한 권의 책을 내는 일은, 출판사 직원을 포함하여 셀 수 없이 많은 사람들이 관여한다. 물론 이 책에도 수많은 사람들의 '일'이 가득 담겨 있다. 한두 사람이 아니기에 이름을 전부 소개할 수가 없지만 책과 관계된 사람들에 한정해서 감사의 인사를 전하고 싶다. 전국 서점에서 일하시는 모든 분들, 중개인들, 운송회사의 직원분들 등에게도 깊은 감사를 드린다.

그리고 이 책을 낼 기회를 준 오픈마인드 사의 고지마 신이치児島慎一 씨, 아스카 출판사의 후루카와 소이치古川創一 씨에게도 마음 깊이 감사를 드린다. 두 사람이 없었으면 이루어질 수 없는 일이었다. 정말 감사하다.

나와 함께 여러 번 일을 한 타이프페이스의 와타나베 다미히토渡邊民人 씨와 니노미야 구니二ノ宮国 씨도 늘 멋진 북 디자인을 해주어 정말 감사하다.

그리고 무엇보다도 지금까지 고락을 함께해온 편집 담당의 후지다 도모코勝田知子 씨에게도 감사의 말을 빼놓을 수 없다. 후지다 씨의 열정적인 메일에 격려를 받아 빡빡한 일정 속에서 어떡하든 해낼 수 있었다. 프로젝트 기간 중 최고의 동기부여자로 있어준 점에 마음 깊이 감사를 드린다. 여러 가지로 큰 신세를 졌다.

이 책은 두루 살피고 배려하고 마음을 쓰는 것에 대해 적은 것이다. 이 소중함을 가르쳐준 사람은 부모님이다. 아버지와 어머니의 교육에도 이 자리에서 감사를 드린다.

《마이 크레도》를 출판한 뒤 "무라오 씨 당신의 마이 크레도가 보고 싶습니다"라는 요청을 전국의 독자들에게서 받았다. 이 책은 그 요청에 대한 응답이다. 여러분의 이메일이나 편지가 없었으면, 이 책은 세상에 나올 수 없었다. 언제나 내 책을 읽어주시는 독자분들에게 깊은 감사를 드린다. 여러분 덕분에 분발할 수 있었다.

Contents

Part 1 29살, 발견하라 너를
Discover real yourself

1장 29살, 당신은 왜 **일**을 하는가?

Part 2 29살, 성장시켜라 너의 능력을
Grow your ability

4장 29살, 당신의 **울타리**는 안전한가?

Part 3
Release your power

29살, 발산하라 너의 힘을

7장 29살, 당신은 왜 **돈**을 벌고 싶은가?

8장 29살, 당신은 왜 **리더**가 되고 싶은가?

Part 1

Discover
real
yourself

29살, 발견하라 너를

29살,
당신은 왜 일을 하는가?

01

당신이 원하는 것을
상세하고 구체적으로 그려라,
그러면 선택이 달라진다

당신은 왜 일을 하는가?

이 단순한 질문에 아무 망설임 없이 바로 대답할 수 있는 스물아홉 살의 젊은이는 그리 많지 않을 것이다. 아니 이것은 어느 연령대든 대답하기 어려운 질문이다. 나는 이 질문에 대해 많은 고민을 하며 생각을 거듭했다. 그래서 얻은 결론이 이것이다.

'내가 그리던 삶을 완성하기 위해!'

대부분의 사람들이 지금 당장은 아니더라도 조금 여유가 생기는 나이대가 되면 호숫가에 그림 같은 집을 짓고, 마당에서는 사냥용 개를 기르고, 차고에는 빨간 왜건이 주차되어 있고, 저녁식사 전 한가롭게 호숫가를 산책하는 삶을 꿈꾼다. 아마도 거기에 이런 이미지가 보태질 것이다. 저녁 시간이 되면 온 가족이 모여 아름다운 경치를 보며 갓 한 따뜻한 밥을 먹고, 주말이면 친구들과 골프를 치고 저녁에 그들과 느긋하게 바비큐 파티를 즐기는 삶.

이것은 간단한 예다. 당신은 이것에 덧붙여 스토리를 더 만들어 나갈 수 있다. 바비큐 파티를 자주 열면서 그때 만든 소스를 판매해 떼돈을 번다든가 하는 기분 좋은 상상을 하는 것도 좋다. 이상적인 삶은 상세하고 구체적으로 그리는 것이 좋다.

나에겐 일과 관련된 버릇이 있다. 종종 고객의 얼굴 사진과 잡지에서 고객이 원하는 이미지를 찾아 매치한 전시판을 만들어 내 사무실에 걸어 놓는 것이다. 그렇게 하면 고객의 요구를 충실히 반영할 수 있기 때문이다.

스물아홉 살은 취직이나 이직으로 머리를 싸매고 고민하는 시기다. 이때 단순하게 재미나 흥미 그리고 연봉을 기준으로 삶의 중요한 결단을 내려서는 안 된다. 그것보다는 '과연 이 일이 내 이상적인 삶을 완성하는 데 도움이 되는가?'라는 기준이 확실히 세워져 있어야 하며, 이 기준에 의해 당신의 일을 선택하는 것이 중요하다. 자신의 목표를 확고히 세우고 자신이 원하는 삶을 살아가는 사람의 길은 아름답다. 그런 사람은 항상 이상적인 삶을 머리에 그리면서 살아간다.

02

성공한다는 것은
함께할 수 있는 동료가 있다는 것,
먼저 배려하고 포용하라

'멋진 일이란 무엇인가'라는 주제로 토론을 했던 적이 있다. 토론은 활기찼으나 정작 자신이 멋진 일을 하고 있다고 말한 사람은 단 한 명뿐이었다. 그는 시나가와 역 근처에 있는 유명한 스테이크 전문점의 매니저였다.

나머지 사람은 일한다는 것 자체가 힘드니까 참는 것이 정석이라는 식의 생각을 가지고 있었다. 즐긴다는 생각은 엄두도 못 내고 있었다.

도대체 일이 왜 힘든 것일까? 아마도 일 그 자체보다는 일을 하는 과정 속에 엮이는 인간관계 때문에 힘든 것이 아닐까 싶다.

최근 많은 신입사원들이 돌이라도 먹을 기세로 굳은 각오를 하고 회사에 입사하지만 회사 내 인간관계 때문에 정신적으로 피폐해져 그만두는 사례가 늘고 있다. 회사에 다니면 상사와 동기, 동료, 후배, 거래처 또는 협력회사 직원 등 단 하루도 사람과 부닥치지 않는 날이 없다.

그런 측면에서 바라보면 '무엇'보다 '누구'와 하는 일인가가 더 중요해진다. 사회에 첫발을 내딛으면 종적이든 횡적이든 사방팔방에서 다양한 유형의 사람과 만나야 한다. 학창 시절, 마음이 맞았던 친구들과 어울려 다닐 수 없는 것이 사회다. 마음이 맞는 사람을 찾아서 떠나면 되지 않느냐고? 어디를 가도 상황은 같다. 어느 회사든 다양한 유형의 사람들이 모여 있기 때문이다.

피할 수 없다면 즐기라는 말도 있듯이, 인간관계를 피할 수 없다면 그것을 즐겨야 한다. 지금 함께 일하는 동료와 친밀해지기 위해 부단히 노력해야 한다.

어느 정도는 당신이 먼저 베풀고 먼저 포용해야 한다. 이런 노력을 게을리하면 '이 길은 내 길이 아니야'라든가 '내가 원했던 건 이것이 아니야'라며 스트레스 속에서 방황만 하게 될 것이다. 그런 방황이 거듭될수록 당신은 사회 내의 이단아로 내몰리게 될지도 모른다.

당신의 길은, 당신의 천직은, 당신의 재능을 최대한 발휘할 수 있는 최고의 무대여야 한다. 그런 무대가 당신을 위해 기다리고 있다면 더할 나위 없이 기쁜 일이지만 아쉽게도 이것은 현실적으로 불가능하다.

그렇다면 방법은 하나, 당신이 당신의 무대를 직접 만들어라.

그리고 이렇게 생각해보면 어떨까? 당신의 길은 지금 함께 일하고 있는 사람과 성공을 나누는 것이라고. 당신의 생각에 따라 당신의 무대가 달라질 수 있다.

어깨 힘을 빼고 손을 내밀어라. 그리고 함께 걸어가자고 말해보라. 그러면 당신의 동료는 당신의 손길을 감사히 받아들일 것이다.

03
프리랜서의 마음으로 일하되,
프리랜서가 되지는 마라

이십 대의 대학생은 취업 문제로 속이 타들어가고, 삼십 대의 샐러리맨은 노후 문제로 불안한 마음을 감출 수 없다. 사십 대의 회사 간부는 승진 때문에 스트레스를 받고, 오십 대의 사회인은 회사에 얼마나 잔류할 수 있을까 하는 문제로 골머리를 앓는다.

요즘 세상은 온통 불안한 마음만 둥둥 떠다니는 것 같다. 5년 아니 당장 내년이 어떻게 될지 몰라 전전긍긍한다. 어딘가 확실하고 맑아질 기미라도 보이면 불안한 마음을 좀 누그러뜨릴 수 있을 텐데 유감스럽게도 그런 기미는 좀처럼 보이지 않는다.

이런 세상이 정상일까? 불확실성이란 짙은 안개가 사회 전체를 뒤덮고 있는 것이 정상일까? 정치가는 과감한 개혁으로 이런 사회를 바꾸어주지도 않고, 회사는 근로자의 평생을 보장해주지도 않는다. 희망이라는 단어가 무색할 만큼 우울한 일들만 줄지어 일어나고 있다. 이럴 때 우리가 준비해야 할 것은 무엇일까? 우리가 안고 있는 막연한 불안감에서 조금이라도 벗어나기 위해서 우리는 무엇을 해야 할까? 그것에 대한 해답은 당신 스스로 안개가 옅은 곳을 향해 걸어갈 수밖에 없다는 것이다. 풀어서 말하면 어디에서 일하든 어떤 일을 하든 제대로 일을 해낼 수 있는 프리랜서의 역량을 갖추어야 한다는 것이다.

당신이 회사를 경영할 생각이 있든 없든 상관없이 혼자서도 일을 해낼 수 있는 힘을 길러야 한다는 말이다. 당장 내일부터 현재의 회사 명함을 개인 명함으로 바꾸어도 아무 문제가 일어나지 않도록 만반의 준비를 해놓아야 한다.

프리랜서로서 일할 수 있다는, 그것으로 먹고살 수 있다는 자신감이 싹트면 미래에 대한 불안감은 다소 옅어질 것이다. 최근 일반 기업에서도 프리랜서로 활약하는 외부 직원을 쉽게 접할 수 있다. 그들의 활동 이력을 보면 정말 대단한 사람들이라는 생각이 든다. 혼자서 여러 회사 일을 소화해내고 각 회사의 회의에 참가하고, 자신의 영업도 확실하게 해낸다.

어떤 CEO는 이렇게 말했다.

"직장에서 어느 정도 일할 수 있는 능력이 있다면 지금 당장 누구라도 기업가가 될 수 있다."

매우 공감이 가는 말이지만 프리랜서의 길은 어디까지나 마지막 노선이라고 생각해야 한다. 직장에서 유능한 직원으로 10퍼센트 안에 들어야 프리랜서로 실패하지 않고 꾸준히 활동할 수 있다.

앞으로의 일이 걱정이라면 혼자 독립해 일을 꾸려갈 생각을 하지 말고, 우선 현재의 직장에서 최고가 되도록 노력해보자. 이것은 단순히 일만 잘해야 한다는 의미는 아니다. 마음과 기술 그리고 체력 등 모든 면에서 철저하게 자신을 관리해야 한다. 이것이 안개가 걷힌 곳에 설 수 있는 몇 안 되는 방법 중 하나다.

04
만드는 힘, 파는 힘, 관리하는 힘,
사업의 힘은 이것에서 시작된다

앞에서 프리랜서의 역량에 대해 언급했다. 그렇다면 이 역량을 갖추기 위해서는 어떻게 해야 할까? 가장 간단한 방법이 있다. 그것은 프리랜서라는 의식을 가지고 말하고 행동하는 것이다. 대개 사람은 어떤 의식을 갖고 사느냐에 따라 최종지가 달라진다. 또, 이런 의식을 갖는 것이 목표에 빨리 다가서는 지름길이다.

정치가가 되고 싶은 사람은 정치가의 의식을 갖고 생활하는 것이 좋고, 시장이 되고 싶은 사람은 시장의 의식을 갖고 사는 것이 좋다. 언뜻 아무 의미 없어 보이지만 막상 해보면 시점이 크게 달라진다.

그리고 회사라는 거대한 보호막을 떠나 자신만의 길을 개척하며 살아가기 위해선 '세 가지 힘'이 필요하다. 첫째는 판매할 상품을 만드는 힘, 둘째는 판매할 상품을 파는 힘, 마지막으로 그것을 관리하는 힘이다. 이 세 가지 힘이 조화롭게 균형을 이루어야 비로

소 자신만의 사업을 시작할 수 있다.

'판매할 상품을 만드는 힘'이란 상품이나 서비스를 개발할 수 있는 능력이나 매입하는 상품을 선택하는 능력이다. 사업의 가장 기본 조건이기에 우선 이 힘이 없으면 사업을 시작할 수 없다. '판매할 상품을 파는 힘'은 상품이나 서비스를 널리 확대하고 사람들에게 전달하는 능력이다. '관리하는 힘'은 동기부여와 팀워크 그리고 돈 등을 관리하는 능력, 즉 회사의 관리 업무에 관한 능력이다. 이 세 가지 힘 중 하나라도 부족하면 그 사업은 이미 몰락의 길로 들어선 것이다.

예를 들어, '언제나 영업 성적이 최고였으니……'라는 자신감만으로 회사를 그만두고 자기 사업을 벌인다면 그때부터 고생문이 열리게 되는 셈이다.

물론 업종에 따라 달라지는 문제이기 때문에 섣불리 말할 수는 없지만 나는 당신이 독립하기 전에 이 세 가지 힘을 갖고 있는지 진지하게 자문해보고 살펴보고 다른 사람의 의견을 타진해보고 신중하게 선택하라고 말하고 싶다.

만약 진정으로 독립하고자 한다면 이 세 가지 힘은 당신의 본래적인 능력이 아니라 현재 다니고 있는 회사에서 철저하게 길러진 것이어야 한다. 이것이 독립하기 전, 당신이 자신을 검증할 수 있는 가장 좋은 방법이다.

05

사업 아이템,
고객의 불만이나 니즈에서 나온다

나는 스물아홉 살 전후의 젊은이들로부터 취직 상담 문의를 많이 받는다. 그럴 때마다 자주 듣는 질문이 "연봉을 우선시해야 하나요?" 아니면 "자신의 꿈을 우선시해야 하나요?"와 같은 유형이다. 이런 문제는 업종이나 사업 구조, 실적이나 기술, 인간적인 매력 등과 관계되기 때문에 사람에 따라 대답이 달라진다. 다만 어느 경우라도 누군가의 불편함을 해소하기 위해 비즈니스를 시작한다는 점을 잊어서는 안 된다.

'누군가의 불편한 점?'이라고 하면 다소 애매하게 들리겠지만 어렵게 생각할 필요는 없다. "좀 더 멋진 ○○가 있으면 좋은데……" "여자들이 가볍게 이용할 수 있는 ○○가 있으면 괜찮을 텐데……" 와 같은 불평을 들은 적이 없는가? 이런 것이 바로 불편한 점이다. 이런 불만을 해소하는 데 초점을 맞추는 것만으로도 충분히 비즈니스로 발전할 가능성이 있다. "불편을 해소해줘서 고맙다"는 호응이 바로 매출인 셈이다. 불편한 점에는 소비자의 불만만 해당되는 것이 아니다.

"이 서비스가 이러면 한층 편리할 텐데……" "이런 일까지 해주는 회사가 있다면 좋을 텐데……"와 같은 고객의 니즈needs도 포함된다. 이 같은 소리는 기업과 고객, 기업과 기업 사이에서 나올 수 있는 것이다. 니즈 또한 하나의 비즈니스가 될 수 있다.

기업은 누군가의 불편함을 해소하는 아이템을 선택하는 조직이고, 이 관점에서 기업은 사회 변혁을 일으키는 집단인 셈이다. 다시 한 번 강조하지만 스물아홉 살의 젊은이는 사람들이 불편해하는 점에 민감해야 한다. 앞으로 당신이 사업에 뛰어들 생각이 있다면 난 이렇게 말하고 싶다.

"당신이 관심을 갖고 있는 사회 문제를 몇 가지로 좁혀보세요. 지역 문제도 괜찮고 세계적인 문제도 좋습니다. 지금 하고 있는 일을 통해 사회 문제를 해소할 수 있는지 신중하게 관찰해보세요. 억지로라도 좋으니 지금 하는 일과 사회 문제 간에 연결고리를 만들어보세요. 그게 있다면 당신이 하고 있는 일은 반드시 성공할 것입니다."

스물아홉 살의 당신은 어떻게 생각하는가? 비현실적인 꿈이면 어떻고 러브 앤드 피스를 외치는 것이면 어떻겠는가? 당신이 하고 있는 일이 사회 문제에 맞닿아 있으면 과감하게 시작해보는 것이 좋다.

06

사업에서 성공하고 싶다면,
당신의 마음을 따뜻함으로 감싸라

종종 외국에 사는 지인들이 일본에 놀러 오곤 한다. 그때마다 난 내 시간을 아낌없이 바쳐서 그들에게 일본의 구석구석을 구경 시켜준다. 그리고 마지막 날이 되면 묻는다.

"어디가 가장 좋았습니까?"

그들의 대답은 거의 똑같다.

"도큐핸즈!"

도큐핸즈는 주거와 생활에 관계된 물품을 파는 대형 잡화점이다. 그리고 나도 무척 좋아하는 곳이다. 시간이 허락하는 한 층층마다 다 둘러본다. 그곳에 가면 세상에 이런 것도 있어, 라거나 이건 생각지도 못했는데 굉장하네, 라는 감탄을 금치 못하게 된다. 얼마 안 되는 돈으로 일본 사회의 흐름을 견학할 수 있는 곳이다.

그리고 나를 또 한 번 놀라게 하는 것은 도큐핸즈에 가면 주부의 아이디어에서 탄생한 상품을 많이 볼 수 있다는 점이다. 사실 여자들은 엄마로서, 아내로서, 주부로서, 사회 일꾼으로서 많은 불편을 감내하며 살아가는 사람들이다. 그들이 느끼는 불편한 점을 알고 그것을 해소할 수 있다면 수많은 사업체가 탄생할 수 있을 것이다.

실제로 많은 여성들이 자신들이 느끼는 불편함을 해소하기 위해 직접 상품을 개발하는 경우가 많다. 미국에서는 그런 여성들을 '앙트레프레너entrepreneur, 모험적인 사업가'에 빗대어 '맘프레너'라고 부른다.

예를 들어, 도쿄의 한 지하철역 안에는 어느 역에서 몇 번 차량을 타면 환승하기가 편리한지 알려주는 안내 포스터가 있다. 이른바 '환승에 편리한 지도'라고 할 수 있다. 원래 이것도 아이를 데리고 다니며 환승하는 데 불편을 느낀 주부가 내놓은 아이디어다. 지금 그녀는 지도 작성 사업을 축으로, 그것과 관련된 불편함을 개선하는 회사의 사장이 되었으며, 고객의 사랑을 받고 있다.

일상에서 사람들이 느끼는 불편한 점은 한두 가지가 아니다. 하지만 많은 사람들이 자신은 당사자가 아니라고 생각하면서 그 정도쯤은 감내하며 살아가려는 마음으로 이런 점들을 간과하고 있다. 하지만 그런 사고방식은 당신이 우물 안의 개구리로만 살려고 하는, 굉장히 수동적인 태도로 당신이 발전하는 데 장애가 될 수 있다. 불편하면 바꾸면 된다. 이런 발상을 가진다면 지금 당장 당신의 사업 아이템은 무궁무진하게 늘어날 것이다.

먼저 적극적으로 집안일을 도와라. 그리고 가족 중 무언가에 불편을 느끼는 사람이 있는지 확인하라. 그러한 점을 메모해 월요일 회의에서 발표하라. 그것에 많은 사람들이 동감하면 그것은 상품으로 개발될 수 있는 자격을 갖춘 것이다.

적극적으로 불편을 느끼는 사람을 찾아 그들의 고통을 느끼는 것은 결국 자신의 경력을 쌓는 길이다. 난 강연을 할 때마다 이런 말을 한다.

"마음이 따뜻한 사람일수록 아이디어가 많습니다. 마음에 온기를 가지세요. 그것이 당신을 큰 사람으로 만드는 기초입니다."

07

직접 물건을 팔아보지 않고
비즈니스를 운운하지 마라

사업을 시작하고 싶다는 사람에게 나는 반드시 이렇게 묻는다.

"인터넷 경매를 해본 적이 있으세요? 아니면 벼룩시장에서 물건을 팔아본 적이 있으세요?"

대부분의 사람들은 의아한 표정으로 "아직 없는데요……"라고 답한다. 그런 분들에게 나는 이렇게 말한다.

"그렇다면 먼저 그것부터 해보시죠! 그 다음 얘기는 그때 가서 할까요?"

사업의 기본은 물건을 가지고 있는 사람이 그 물건을 필요로 하는 사람에게 파는 것이다. 오래전부터 그런 상거래는 쭉 이어져왔다. 직접 고객의 얼굴을 보고, 고객의 행동을 살피면서 물건을 팔았던 것이다. 하지만 지금 세상은 고객과 얼굴을 맞대고 일할 수 있는 시스템이 아니다. 그래서 종종 고객이나 소비자의 입장을 간과하기 쉽다. 고객이나 소비자의 취향이나 니즈를 파악하지 못하면 상품을 팔 수 없다. 그래서 난 그런 사람들에게 벼룩시장이나 인터넷 경매를 권한다.

벼룩시장이나 인터넷 경매는 물건을 판다는 것이 어떤 느낌인지 확실하게 인지할 수 있는 경험을 제공할 것이다. 이때 고객의 욕구를 만족시켜줄 수 없거나 불만을 해소하지 못하면 당장 지금 하려는 일에 대해서 생각을 달리해야 한다.

주말 아침, 벼룩시장에 가 한 자리 마련하고 손님을 상대해보자. 단지 상품을 진열해 놓는다고 그것이 팔리는 것은 아니다. 상품을 팔기 위해서는 얼마나 손님의 눈에 잘 띄는지 궁리해야 한다. 즉 시간대에 따라 상품 진열 방법을 바꾸어본다. 손님의 취향에 따라 목소리 톤도 바꾸어본다. 시간 한정 할인 판매를 시도하고 POP point of purchase. 매장 내에서 소비자들이 제품을 구매할 때 직접 보게 되는 광고를 작성해본다. 이처럼 한푼의 돈이라도 손에 넣기 위해서는 고객의 구미에 맞추어 정해진 시간 내에 수많은 아이디어를 시도해야 한다.

인터넷 경매도 마찬가지다. 단지 사진과 글을 인터넷에 올려놓기만 한다면 상품이 팔릴 리가 없다. 상품의 크기를 정확하게 알 수 있도록 사진을 찍어야 하며, 눈이 번쩍 뜨일 선전 문구를 작성하고, 구매 의욕을 돋우는 카피를 덧붙여야 한다.

신뢰감을 줄 수 있도록 리플에 성실하게 응대해야 하며, 경매를 종료하는 요일과 시간대를 생각하고, 포장과 애프터서비스도 성의껏 해야 한다. 인터넷 경매 또한 경제적 이익을 올리기 위해서 신경 써야 할 일이 한두 가지가 아니다.

하지만 이렇게 번 돈은 매달 회사에서 통장으로 입금시켜주는 돈과는 그 가치가 크게 다르다. 요즘엔 부업을 인정하는 기업이 의외로 많다. 만약 당신의 회사가 그것을 용인해준다면 당장 벼룩 시장과 인터넷 경매를 시작해보라. 이미 하고 있다고? 그렇다면 다음 단계에 들어가라. 그것은 당신의 사업을 브랜드화 하는 작업 이다. 그리고 그 브랜드를 더욱 정교하게 조직화하는 작업이 기다 리고 있을 것이다. 도전하라!

08

외국어는 필수다?
아니 **외국어와 모국어는**
차이가 없다

내가 좋아하는 책이 있다. 그것은 가이코 다케시開高健의 《오
파!》다. 이 책은 이런 말로 시작된다.

한 시간 행복해지고 싶다면 술을 마셔라.

3일간 행복해지고 싶다면 결혼을 하라.

8일간 행복해지고 싶다면 돼지를 잡아먹어라.

영원히 행복해지고 싶다면 낚시를 배워라.

단기 성공과 중장기 성공은 이利와 실失이 많이 다르다. 많은 사람
들이 성공하기 위해 자격증을 취득한다. 하지만 맹목적으로 자격증
을 따서는 아무런 도움이 안 된다. 단기적으로 어떻게 활용할 것인
지 살펴본 뒤, 중장기적으로 어떤 이득이 돌아올 것인지 꼼꼼하게
분석해야 한다. 단순히 취미나 교양을 위해 취득하려 한다면 굳이

말릴 생각은 없지만 당신의 성공을 위해 하는 것이라면 큰 도움이 되지 않는 자격증을 따는 일에 시간을 낭비해서는 안 된다. 흔히 '자격을 위한 자격'은 당신에게 아무런 이익을 주지 않을 것이다.

차라리, 그 시간에 외국어를 배우는 것이 더 좋다. 진부한 얘기지만 비즈니스 경력을 쌓기 위해서는 외국어가 필수다. 특히 영어의 경우 활용 폭이 넓다. 영어를 구사할 수 있다는 것은 외국 시장도 시야에 넣을 수 있기 때문에 사업 범위가 확대된다는 것을 의미한다. 직장을 구할 때도 마찬가지다. 외국 기업은 물론 해외에서도 일할 수 있기 때문에 선택의 폭은 더욱 확대되며 당신의 커리어 또한 넓어질 것이다. 현재 기업에서는 영어 공용화를 추진하고 있기 때문에 영어를 하지 못하면 이직의 문이 좁아질 것이다. 더 이상 영어 공부를 미룰 수 있는 시대가 아니다.

여기서 주목해야 할 점이 영어를 할 수 있는가가 아니라 영어를 이용해 무엇을 할 수 있는가다. 단순히 영어만 익혀서는 아무 도움이 되지 않는다는 말이다. 영어가 살아가는 무기가 되었을 때, 전적은 화려해진다. 이젠 영어는 모국어와 차이가 없어지는 실정이다. 모국어를 자연스럽게 하는 만큼 영어 또한 자연스럽게 사용할 수 있어야 한다. 자신의 생각을 정확하게 전달할 수 있을 정도로 자신의 영어 수준을 업그레이드시켜라. 힘들다고? 힘들어도 하라, 그럴 수밖에 없는 세상이다.

09

응원과 지지를 얻고 싶은가?
판다의 법칙을 활용하라

내 친구의 딸은 판다라면 환호성을 지를 정도로 좋아한다. 친구가 하도 전하고 다녀 주변에서 그 사실을 모르는 사람이 없을 정도다. 그 결과 친구 딸은 판다 인형이나 소품을 많이 갖고 있다. 주변 사람들이 선물을 하거나 정보를 주기 때문이다.

이것을 다른 관점에서 보면 주변의 사람들이 판다를 좋아하는 그녀를 응원하고 있는 것이다. 친구 딸의 귀여운 성격과 판다를 좋아하는 이미지가 결합되어 사람들의 마음을 한곳, 응원과 지지로 모으고 있는 것이다.

물론 아이의 행동에 너무 과장스럽게 반응한다고 할 수도 있지만 나는 이처럼 간단한 이미지와 메시지가 언행과 일치한다면 강력한 효과를 얻을 수 있다고 생각한다. 그리고 난 이것을 '판다의 법칙'이라고 부르며, 어떻게 하면 응원과 지지를 받는 사람이 될 수 있는가를 설명할 때 소개한다.

주위 사람들의 도움으로 눈부신 속도로 성장하는 사람이 있다. 불과 몇 년 만에 업계에서 이름을 날리며 고공행진을 이어오고 있다.

어떻게 하면 응원을 받는 사람이 될 수 있을까? 어떤 조건을 갖추어야 할까? 먼저 주위 사람들에게 자신이 어떤 사람인지 무엇을 이루려고 하는지 명확하게 자신만의 언어로 전달해야 한다. 이때 주목해야 할 점이 상대방이 구체적인 이미지를 떠올릴 수 있게 전달해야 한다는 것이다.

그리고 자신이 이루고 싶은 바를 주위 사람들에게 확실히 말했으면 절대 흔들려서는 안 된다. 그 길을 가는 데 주저하거나 망설이는 모습을 보여서는 안 된다는 말이다. 우직하게 그 일에 매진해가는 모습을 보여야 한다.

자기 암시도 중요하다. 자신이 왜 그것을 이루려고 하는지, 그 일을 하는 데 있어 자신이 얼마나 중요한 존재인지 틈나는 대로 주문을 걸면서 자기 암시로 어려운 상황을 극복해야 한다.

그렇게 하다 보면 어느새 스카우트나 협력해달라는 제의가 들어올 것이다. 자신이 이루고 싶은 일과 관련된 기회가 생기면 당신은 사람들의 인정과 함께 응원을 받을 것이다.

10

관심은, 칭찬은,
자신을 발전시키는 가장 좋은 약藥이다

십 대에 자신의 직업을 결정해야 하는 나라가 있다. 죄송하지만 어느 나라인지는 잊어버렸다. 그 나라에서는 십 대의 한 아이의 장래에 대해 친척들이 모두 모여 토론을 한다고 한다.

"넌 OO가 강하니까 이런 일이 적성에 맞을 것이다."

"OO를 좋아하니 이런 직업을 갖는 편이 좋다."

이렇게 대가족 회의를 열어 아이의 미래에 대해 진지하게 탐구하는 것이다. 내 아이만이 아니라 내 가족의 아이니까 모든 친척이 모이는 것은 당연하다.

이 상황을 당신은 어떻게 이해하는가? 아이가 가엾은가? 아니면 그런 기회를 가질 수 있다는 것이 부러운가? 사람마다 다양한 의견이 있을 것이다.

심리학 연구에 의하면 사람은 누군가의 관심에 따라 동기부여의 수준이 달라진다고 한다. 다시 말하면 자신에게 향하는 관심이 많을수록 동기부여도 높아지는 것이다.

그래서 난 이 나라의 아이에 대한 주위의 관심이 부럽다. 이런 기회를 누릴 수 있는 그 나라의 아이가 부러운 것이다.

실제로 나도 스물아홉 살 무렵 서로 칭찬해주는 모임을 만든 적이 있었다. 사실 스물아홉 살이라는 나이는 누군가에게 관심이나 칭찬을 받는 기회가 현저하게 줄어드는 시기다. 이에 위기감을 느낀 나는 모임 멤버에게 최선을 다해, 아낌없이 서로를 칭찬해주어야 한다는 조건을 걸었다. 불평이나 부정적인 이야기는 일체 하지 않는다는 약속까지 받아냈다.

별난 모임으로 보이겠지만 모임 멤버에게는 여러 가지 긍정적인 효과를 가져다주었다. 자신이 결정한 인생 계획에 자신감을 얻은 사람, 자신이 모르던 장점을 깨달은 사람, 자신의 잠재력을 믿을 수 있게 된 사람 등 크든 작든, 그들은 이 모임을 자신을 성장시키는 기회로 받아들인 것이다.

특히 이 모임이 같은 업종이 아니라 다른 업종의 사람들이 모인 자리라는 점이 크게 이점으로 자리 잡았다. 스물아홉 살이 되면 자신도 모르게 회사와 집만이 삶의 무대가 된다. 다른 업종에서 일하는 또래의 사람이 무엇을 생각하고 어떤 실적을 쌓는지 잘 모르게 된다.

하지만 업종이 다른 사람들끼리의 모임은 회사라는 단위가 아니라 사회라는 단위로서 자신이 선 위치를 확인할 수 있게 해준다.

누군가에게 이 모임에 대해 얘기했더니, 후에 자신도 다른 업종의 사람들과 만나 모임을 만들었다고 한다. 하지만 우리의 모임과는 정반대의 성격을 지녔다. 회사에 대한 불평과 사회에 대한 불만을 주고받는다고 한다.

그것이 그들을 발전시킨다면 크게 문제 될 것은 없다. 다만 긍정적인 효과를 얻으려면 긍정적인 생각을 하는 것이 좋다.

2장

29살,
당신은 왜 공부하는가?

11

어떤 책보다 어떤 주제가,
책 선택의 포인트가 되어야 한다

일본에 살다 보면 맑은 물, 정돈된 치안, 깨끗한 화장실, 잘 포장된 도로 등이 지극히 당연한 일로 받아들여진다. 그래서 그 고마움을 잊어버리게 된다. 책도 그중 하나다. 일본의 다양한 출판문화는 세계적으로 유명하다.

사실 외국의 지인들에게 "도쿄에는 6층 건물의 대형 서점도 있습니다"라고 말하면 대부분 눈이 휘둥그레진다. 특히 가격이 놀라울 정도로 싸다. 물론 유통 구조나 할인 판매에 따라 가격이 달라지기 때문에 가격을 획일화해 말할 수는 없지만 미국의 신간 비즈니스 서적은 일본보다 두세 배 비싸다.

일본의 책값은 기껏해야 1천 엔에서 1천 500엔 사이에서 오락가락한다. 비용 대비 효과가 매우 뛰어나기 때문에 난 배움의 수단 또는 자기 성장의 기회로, 독서를 권한다.

하지만 나의 독서 방법은 일반 사람들과는 조금 다르다. 그것은 바로 주제를 좁혀 책을 선택하는 것이다.

예를 들어, 오페라에 관한 책을 읽게 되면 그와 관련된 책들만 집중적으로 읽는다. 베트남에 관한 책을 읽게 되면 그와 관련된 책만 읽는다. 어떤 주제든 상관없다. 한 주제를 정하면 그 주제에 관한 책들만 골라서 집중적으로 읽는다.

기간은 상관없다. 내가 읽고 싶은 만큼 읽는다. 그것이 1년이 될 수도 있고, 반년이 될 수도 있다. 기간은 그 주제의 깊이가 얼마나 깊은지, 개인적 의욕이 얼마나 큰지에 따라 달라진다.

망각의 법칙을 아는가? 그것에 의하면 사람들은 시간 이내에 배운 것의 80퍼센트를 잊어버린다고 한다. 책도 단순하게 그때그때 흥미가 가는 대로 한 권 읽고 끝내면 책장을 덮는 순간 내용을 대부분 까맣게 잊어버린다. 기억 속에서 사라지는 것이다.

그래서 나는 '선택과 '집중'이 중요하다고 생각한다. 일정 기간 특정한 주제에 열중하고 깊이 빠지면 몸속의 안테나가 그것과 관련된 뉴스에 날카로운 정도로 반응하게 된다. 그래서 그와 관련된 정보나 행사에 주저 없이 참가하게 된다. 그러니 자연스럽게 그 주제에 관한 지식이 내 몸 안에 깊숙이 저장되는 것이다.

이것이 나만의 특별한 독서법이다. 그리고 이 방법을 통해 난 지속적으로 자기 성장을 해올 수 있었다. 지금 무슨 책을 읽고 있느냐가 아니라 지금 어떤 주제를 중심으로 읽고 있느냐가 더 중요하다.

12

그냥 가는 것보다
미리 알고 가야 얻는 게 많다

많은 사람들이 출장이나 여행을 갈 때 그곳에 관한 책을 읽거나 인터넷을 통해 꼭 둘러보아야 할 곳이나 맛집을 찾아보고 떠난다. 거기서 한 단계 업그레이드해 난 그곳을 주제로 한 영화를 본다. 그런 영화가 없을 때는 그 지역 출신의 영화감독의 작품을 감상하거나 그 지역을 주제로 쓴 소설이나 역사적인 인물 또는 작가에 대한 이야기를 읽곤 한다.

어떻게든 이런저런 방법으로 가야 할 곳에 대해 예습을 하는 편이다. 이것은 출장이 잦은 내가 현지에서 누군가를 만날 때 대화 거리를 만들기 위해 시작한 일이다.

영화 속에는 문화나 역사, 풍습이나 기질 또는 식생활 등 여러 가지가 표현되어 있다. 무엇이든 즐기며 배워야 한다는 생각에서 시작했던 일인데 돌이켜보면 꽤 도움이 되었다.

현지 사람과 친해지는 가장 좋은 방법은 "일전에 본 영화에 이런 장면이 있었는데 알고 봤더니 그 촬영 장소가 이 지역이었습니다"라고 말하는 것이다. 자신이 사는 지역에 흥미를 가진 사람은 대부분 호감을 가지기 마련이고, 이는 화기애애한 분위기로 이어져 본론을 자연스럽게 꺼낼 수 있게 된다. 그리고 덤으로 더 많은 정보를 얻어낼 수 있다.

출장이나 여행은 직접 현지에 가서 체험할 수 있다는 장점이 있다. 아무리 책으로 지식을 쌓아도 직접 경험하고 느낀 바는 당해낼 수가 없다. 이 기회를 잘 활용하면 다른 사람과 차별화된 자신만의 성장을 이룰 수 있다. 그리고 예습을 통해 많은 사람들과 친해질 수 있다.

잊지 말자, 어디를 가기 전에는 확실히 그 지역에 대해 공부해두어야 한다는 것을.

13

견본 시장,
세상을 읽는 척도다

직접 보고 느끼는 것을 좋아하는 나는 이십 대 초반부터 견본 시장, 즉 박람회를 즐겨 찾았다. 미디어에서는 '모터쇼'나 '게임쇼' 또는 '국제 애니메이션' 등 세계적으로 유명한 견본 시장만 보도하지만 사실 매일 각종 업계의 견본 시장이 개최된다.

각 업계에서 개최하는 견본 시장에 가면 그 업계의 5년 앞을 내다볼 수 있다. 새로운 상품이나 서비스 또는 각 회사의 전망 등 흥미로운 거리들을 직접 느낄 수 있다. 업계 전체의 분위기나 성장 가능성 또는 각 기업들의 역학관계도 엿볼 수 있다. 규모는 작아도 한 발짝 앞서 가는 회사나 독특한 시도를 하는 기업을 발견할 수 있다. 그럴 때는 왠지 의욕이 충만하고 용기가 샘솟곤 한다.

해외에서 참가한 기업이나 방문객의 수를 보고 세계에서 일본의 위치가 어느 정도인지도 가늠할 수 있다. 특히 다양한 세미나나 공개 토론회도 열기 때문에 사회 견학의 차원으로서는 안성맞

춤이라고 할 수 있다.

당신이 수도권에 위치해 있다면 중심지 등에서 개최하는 유명한 견본 시장을 방문할 수 있을 것이다. 아마 당신이 사는 지역에도 분명 견본 시장이 열리는 컨벤션 센터가 있을 것이다. 그 홈페이지에 들어가면 앞으로 개최될 견본 시장을 미리 알 수 있으니 쉽게 정보를 얻을 수 있다.

물론 초대장이 없으면 들어갈 수 없는 곳이 있지만 점심 한 끼 값으로 들어갈 수 있는 곳은 많다. 다만 회장 입구에서 명함을 주고받기 때문에 명함은 꼭 지참하는 것이 좋다.

여기서 주목해야 할 점은 흥미나 관심이 가지 않던 분야의 견본 시장을 찾아가는 것이다. 이 기회를 통해 새로운 세상을 맛볼 수 있는 기쁨도 누려보자.

익숙해져 있는 세상은 익숙해진 내가 만든다. 아는가? 이전에 갖지 못한 관점을 갖기 위해서는 익숙하지 않은 세상도, 불편한 세상도 알아가야 한다는 것을. 시야의 범위를 넓히는 것이 당신이 성숙해지는 가장 좋은 방법이다.

14

아무리 IT 산업이 발전해도,
지면의 울림을 무시하지 못한다

요즘 일본에서는 불경기 탓인지 괜찮은 잡지들이 줄지어 휴간되고 있다. 어떻게 보면 당연할 수도 있다. 각종 인터넷 서비스나 스마트폰이 대세인 세상에서, 정보를 손쉽게 얻는 방법은 많다. 굳이 정보를 알기 위해 잡지를 사거나 구독할 필요가 없는 것이다. 잡지로서는 이런 추세를 극복하지 못해 휴간이라는 선택을 할 수밖에 없다.

나는 이런 현실이 매우 안타깝다. 왜냐하면 내가 생활 잡지나 주간지를 즐겨 읽기 때문이다. 잡지는 내가 관심을 갖고 있는 분야든 그렇지 않든 폭넓은 정보를 제공한다. 인터넷이나 스마트폰은 실시간으로 정보를 얻을 수 있으며 이용하기 편리하지만 흥미가 있는 사이트만을 보거나 관심이 쏠리는 제목만 선택해 정보가 편중될 우려가 있다.

그러나 잡지를 읽게 되면 의도하든 의도하지 않든 나와는 관계

없는 정보까지 접하게 된다. 돈 주고 샀으니, 아낌없이 활용해보자는 심리가 발동하는 것일까? 지금까지 관심을 갖지 않던 분야에 시선을 돌릴 수 있는 기회를 만들어주는 잡지는 나에게 큰 정보 창고다.

이를 식사에 비유할 수 있다. 가족과 함께 생활하면 정해진 시간에 정해진 식탁에서 여러 구성원의 구미에 맞춘 반찬들로 식사를 하게 되어 이것저것 먹게 되지만 혼자서 살면 정해진 시간이나 정해진 식탁이 없다. 그냥 자신이 먹고 싶을 때 아무 데나 자리를 정하고 먹으면 그만이다. 음식 또한 자신이 좋아하는 것만 먹게 된다. 이러니 편식 습관이 생기는 것이다.

잡지를 읽을 때도 주의할 점이 있다. 관심이 가는 분야나 제목이 먼저 눈에 들어오더라도 밥상에 차려진 음식을 골고루 먹어야 하듯, 잡지도 골고루 꼼꼼하게 읽어야 한다는 것이다. 마치 책처럼 처음부터 끝까지 정독하며 읽어야 한다. 흔하디흔한 광고에도 시대의 흐름이 묻어 있다.

이런 습관은 내 관심의 폭을 넓혀준다. 사실 일본에는 다양하고 질 좋은 잡지가 즐비하다. 이런 잡지를 삶에 활용하지 않으면 당신만 손해다.

특히 특정 분야의 잡지보다 일반 잡지가 더 효과가 좋다. 범위가 그만큼 넓으니, 받아들일 수 있는 정보도 그만큼 확대된다.

이십 대 무렵부터 나는 단순히 잡지를 읽고 마는 것이 아니라 좋아하는 기사를 스크랩해 보관하고 있다. 가끔 몸이 아파 집에서 쉴 때 편안하게 펼쳐보는데 희한하게도 나이나 그날의 컨디션에 따라 기사를 읽는 느낌이 달라진다. 어떤 느낌인지는 여러분이 몸소 겪은 뒤에 확인해보시길. 색다르다.

15

거리로 나가,
사람들과 많은 대화를 나누어라

미국 사람들의 경우, 눈이 마주치면 모르는 사람인데도 가볍게 웃으며 인사를 한다. 내가 좋아하는 풍경이다. 가끔 기분이 안 좋다가도 낯선 사람과 부드럽게 접촉하면 은근히 마음이 치유되곤 한다.

미국에서 생활하다 보면 생판 모르는 사람과 얘기할 기회가 많다. 엘리베이터 안에 있을 때, 우체국 앞에서 줄 서 있을 때, 슈퍼마켓에서 계산할 때 그들은 아무 거리낌 없이 말을 걸어온다. 미국으로 여행한 사람이라면 잘 알겠지만 우리 입장에서 보면 지나치게 우호적이어서 가끔 피곤하기도 하다.

하지만 이런 대화는 사람을 기분 좋게 만든다. 이때 자연스럽게 대화를 이어나가는 요령이 있다. 그것은 아주 간단하다. 상대방이 질문을 하면 나도 질문을 하는 것이다. 즉 "…… and you?"의 방법이다. 이것을 활용하면 균형이 잡힌 가벼운 대화를 나눌 수 있다.

특히 이 같은 대화는 나나 당신에게 절호의 기회가 될 수 있다. 다양한 위치에 있는 사람들의 생각이나 그들이 안고 있는 문제 또는 그쪽 업계의 사정 등을 들을 수 있기 때문이다.

언젠가 이런 생각이 들어 난 거리로 나가 생판 처음 보는 사람에게 적극적으로 말을 걸었다. 가령 개인택시를 타면 이렇게 묻는다.

"운전한 지 얼마나 되셨어요?"

"운전하면서 힘든 점은 없나요?"

"몇 년 주기로 차를 바꾸세요?"

아이처럼 이런저런 질문을 해대곤 하지만 대부분 좋은 마음으로 성실히 답해준다. 그 과정에서 소중한 정보를 얻을 수 있다. 체인점 카페에 가면 그곳의 사원 연수는 어떤지 물어보고, 미용실에 가면 창업의 두려움에 대해서 묻는다.

단, 단순히 "월 매출이 얼마예요?"와 같은, 사생활을 침해할 수 있는 질문을 해서는 안 된다. "입에 풀칠만 하고 살아요"와 같은 대답만 돌아올 게 뻔하다. 또 질문이 인터뷰하듯 대화로 이어져야 한다. 맹목적으로 압력을 가하듯 질문을 퍼부으면 욕만 먹고 끝난다. 부드럽게, 그러나 배움이 되도록 자연스럽게 대화를 이끌어가야 한다.

16

경쟁하는 친구,
당신을 성장시키는 원동력이다

뱀장어는 '바다의 다이아몬드'라고 불리며 세계적으로 유명한 건강식이다. 남미에서 잡힌 뱀장어의 새끼들은 일본이나 대만에서 양식되어 많은 미식가의 구미를 만족시킨다. 이때 기상천외한 아이디어가 도입된다. 장기 여행으로 지친 치어들이 죽어버리는 사태를 막기 위해 그 안에 피라냐piranha. 남아메리카 아마존 강 유역에 분포하는 잉어 목의 열대성 민물고기이며 다른 고기를 잡아먹는 특성이 있다를 한 마리 집어넣는 것이다. 뱀장어는 모두 피라냐에게 잡아먹힐까? 일부는 잡아먹힌다. 하지만 그 외는 순순히 잡아먹힐 수 없다는 듯 긴장하며 활기차게 헤엄쳐 다닌다. 치어의 생존율이 높아지는 것이다. 일본이나 대만에 도착했을 때도 그들은 건강하다. 그만큼 긴장하고 있다는 뜻이다.

생물은 환경이나 경쟁 관계에 큰 영향을 받는다는 사실을 입증하는 사례라고 할 수 있다. 자신을 성장시키는 방법에는 여러 가지가 있다. 책읽기, 멘토의 강연, 발로 뛰는 능동성. 하지만 이것보다 더 중요한 것은 경쟁 관계의 친구다.

일본에는 도키와장トキワ荘이란 곳이 있다. 이곳은 화가들이 모여 사는 파리의 몽마르트르, 음악가들이 모여 있는 오스트리아의 빈처럼 만화가들이 모여 사는 연립주택이다. 이곳에서 유명한 만화가들이 많이 배출되었다. 아마도 절차탁마할 수 있는 환경이 주는 혜택이 아니었을까.

스물아홉 살 때, 나도 '자기 성장 마니아'라는 모임을 만들었다. 그로부터 약 10년이 흘렀는데 그때 그 모임 멤버들은 각 분야에서 눈부시게 활약하고 있다. 지금 한창 인기를 누리고 있는 서도가 다케다 소운竹田双雲과는 당시 하루가 멀다 하고 이메일로 연락을 주고받았다. 이런 친구가 있었기 때문에 나 또한 지금의 자리에 있지 않나 하는 생각이 든다.

공부도 중요하다. 하지만 자신을 성장시키기 위해서는 긴장을 늦추지 않은 채 경쟁할 수 있는 친구가 꼭 필요하다. 친구와 함께 걸어가는 길은 울퉁불퉁하지만 무언가를 꽉 채워주는 만족감을 느낄 수 있게 한다.

17

하루에 한 번,
"그 점을 보고 배우겠습니다"
라고 말하라

거리로 나가 많은 사람들과 대화를 나누는 것과 자신을 성장시키는 친구를 만드는 것의 공통점은 무엇일까? 그것은 다름 아닌 '만남'이다. 사람에게 있어 '만남'은 인생의 전환점이 되기도 하며, 깨달음을 얻기도 하며, 자신을 성장시키는 길로 인도하기도 한다. 난 지금까지 이렇게 믿고 있으며 앞으로도 이 믿음에는 한 치의 의심도 없을 것이다.

이렇게 소중한 만남 뒤에는 더 큰 이익이 숨어 있다. 누구에게나 한 가지 배울 점은 반드시 있기 때문이다. 나이나 직위를 불문하고 대화나 행동 중에서 도움이 될 만한 점이 있다면 부끄러워하지 말고 그 자리에서 "그 점을 보고 배우겠습니다"라고 말해보자. 그 말을 듣는 순간, 상대방의 얼굴은 부끄럽지만 누군가에게 도움이 되었다는 사실 하나만으로도 기쁨으로 가득 찰 것이다. 그러는 사이 당신에게도 그 마음이 전달되어, 그 자리의 분위기는 매우 훈

훈해진다. 이렇게 오가는 마음속에 서로 간에 신뢰가 쌓이면서 일이 잘 풀리게 된다. 이런 태도는 항상 겸허한 자세로 사람을 만나게 해준다. 그리고 아무리 작은 일이라도 상대방의 좋은 점을 찾으려고 노력하기 때문에 긍정적인 마인드를 길러준다.

실제로 나와 친하게 지내는 어떤 분은 상대가 누구든 상관없이 시시때때로 "그 점은 제가 보고 배워야 할 것 같습니다"라고 말하곤 한다. 당신 자식과 같은 나이인 나에게도 이런 말씀을 해주시기 때문에 몸 둘 바를 모르지만 내심 내 마음은 하늘을 둥둥 떠다니는 것처럼 부풀어 오른다. 절로 기분이 좋아지는 것이다. 그리고 나도 사심 없이 누구에게나 저런 말을 할 수 있는 사람이 되었으면 좋겠다는 생각을 한다. 참으로 멋진 모습이 아닐 수 없다.

사회 속에서 안정적으로 성장하기 위해서 꼭 필요한 태도는 부드럽고 솔직한 모습이다. 딱딱하고 삐뚤어진 사람은 안정적으로 성장할 수 없다. 나쁜 것만 보려고 하는데 어떻게 성장할 수 있겠는가? 아무리 좋은 씨앗을 땅에 뿌린다고 해도 땅이 좋지 않으면 싹이 트지 않는다. 싹이 트지 않으면 절대로 예쁜 꽃을 피울 수 없다.

당신이 자신을 성장시키고 싶다면 '부드러운 땅'이 되어라. "이 점을 보고 배우겠습니다"라는 말은 그것을 가능하게 해주는 매우 소중한 말이다.

18

당신의 멘토를 찾지 말고
당신이 누군가의 멘토가 되어라

요즘 난 미국의 젊은 컨트리 가수 테일러 스위프트에게 푹 빠져 있다. 난 팝 아티스트로서 그녀를 존경한다. 그녀의 프로모션 비디오에는 내가 잊지 못할 장면이 있다. 그녀의 팬인 꼬마가 테일러에게 직접 쓴 메시지 보드를 머리 위로 올리는 장면인데, 거기에는 이렇게 적혀 있었다.

'당신 덕분에 나는 기타를 시작했어요 I play guitar, because of you!'

당신 덕분에 기타를 시작했다는 단순한 메시지지만 그 속에는 테일러에 대한 감사와 경의 그리고 동경이 담겨 있다. 이 짧은 에피소드는 '자기 성장'이 무엇인지 잘 보여준다. 대부분의 사람들은 자신을 성장시키는 데 있어 수동적인 배움을 선택하곤 하는데 이번에는 그것에서 벗어나 누군가에게 멘토가 되어보는 것은 어떨까? 그렇게 하기 위해서는 자신을 더욱 성장시켜야 하기 때문에 그 생각이 동기부여가 되어 자기 성장을 이루는 데 촉진제가 될 수 있다. 쉽게 말하면 누군가의 멘토가 되기 위해서 자신을 성장시키라는 말이다.

직장이든 지역 사회든 가정이든 상관없다.

"나는 당신 덕분에 OO를 시작했습니다!"

"좋은 본보기를 보여준 당신 덕분에 나도 OO를 시작하게 되었습니다!"

이런 말을 들을 수 있는 사람이 되어보자는 것이다. 단거리 경주에 비유하자면 골라인이 아니라 골라인 10미터 앞을 목표로 하는 것과 같다.

'Learning by teaching'이란 말이 있다. '가르치는 것이야말로 가장 큰 배움이다'라는 의미인데, 이를 책에서 얻은 지식을 누군가에게 말해주거나 강연회에서 배운 삶의 지혜를 친구에게 전해주는 것으로 단순하게 받아들여서는 안 된다.

당신의 말과 행동 그리고 매너 등이 주위 사람들에게 영향을 미친다고 생각하고 좀 더 좋은 쪽으로 당신의 모든 것을 유도하기 위해 노력해야 한다.

당신의 멘토를 찾지 말고 당신이 누군가의 멘토가 되는 것이다. 이 사실은 당신의 모든 것을 바꾸어놓을 것이다. 생각의 전환은 당신의 새로운 터닝 포인트가 될 것이다.

19

기술과 몸 그리고
마음의 균형이 성공을 부른다

철인 3종 경기는 수영과 달리기 그리고 자전거 타기로 이루어져 있다. 요즘에는 경주 거리가 짧은 시민대회도 많기 때문에 누구나 가볍게 즐길 수 있는 스포츠가 되었다. 항상 시간에 쫓길 것만 같은 CEO 중에 요즘 철인 3종 경기에 푹 빠져 있는 분들이 계시다. 그분들의 연습 방법은 각기 다른데 어느 분은 자신이 가장 잘하는 부분을 집중적으로 훈련해 실력을 키우고, 어느 분은 가장 약한 부분을 집중적으로 훈련한다.

가만히 생각해보면 사회도 철인 3종 경기와 같다. 바로 마음과 기술 그리고 몸으로 이루어져 있기 때문이다. 그리고 이 세 가지가 골고루 성장하기 위해서는 '균형'이 중요하다. 일의 기술이 뛰어나다고 성공할 수 있는 것도 아니고, 체력이 좋다고 장밋빛 미래가 보장되는 것도 아니다. 마음이 중요하다고 해서 그것만으로 유능한 사람이 될 수 있는 것도 아니다.

기술과 체력 그리고 마음이 얼마나 잘 균형 잡혀 있느냐에 따라 일의 성패가 달라진다. 그렇기 때문에 성향에 따라 약한 부분을 먼저 체크해 집중적으로 향상시키거나 강한 부분을 더 강화시키면서 당신의 힘을 키워나가야 한다. 다만 이 세 가지 요소가 얼마나 잘 균형을 이루고 있는지 항상 세심하게 체크해야 한다. 수첩에 분기별로 나누어 자신의 상태를 체크하는 것도 좋은 방법이다.

20
지금의 당신 이미지는 변했는가?
아니면 변함이 없는가?

오랜만에 만난 친구가 보자마자 한마디 툭 던졌다.

"변함이 없네……."

당신은 이 말을 어떻게 받아들이겠는가? 이 말이 외모를 뜻한다면 기쁠 것이다. 헬스클럽이나 피부 미용에 투자한 보람이 있을 테니 말이다. 하지만 자신의 이미지가 학창 시절이나 입사 초기 때와 비교해 변함이 없다는 뜻이라면 불쾌할 것이다. 칭찬이 아니기 때문이다.

한 친구가 이런 말을 했다.

"오랜만에 만나는 친구들 같은 경우 분위기를 통해 현재 그 친구의 사정을 알 수 있지."

절로 고개가 끄떡여진다. 그리고 지금의 현재 내 이미지를 생각해본다. 순간 등을 곧추세우고 자세를 바로잡게 된다.

만약 오랜만에 만난 친구가 좋은 의미로 "뭔가 변한 느낌인데!"

라고 말한다면 그 말뜻의 의미가 무엇일까 잠깐 생각해보자.

사람마다 의미가 다르겠지만 나의 경우 내가 앞으로 나아가는 사람, 발전하는 사람이라는 의미로 받아들일 것이다. 비즈니스를 하는 데 있어 승자니 패자니 하는 말은 일시적인 감상일 뿐이다. 그것보다 중요한 것은 항상 진화를 계속해가는 것이다.

나는 사회에서 진화하는 쪽에 속해 있어야 한다고 생각한다. 사람들을 만났을 때 "발전하고 있구나!" 하는 이미지를 줄 수 있어야 한다. 그래서 난 앞으로도 계속 발전하고 진화할 것이다. 이 책을 읽는 당신들도 그렇게 되기 바란다.

3장

29살,
당신의 건강은 어떤가?

21

29살, 여기서 5살을 빼라,
이것이 지금 당신의 나이다

지금 당신 눈에는 삼십 대의 직장인들이 꽤 나이가 들어 보일 것이다. 하지만 당신도 곧 삼십 대가 된다. 머지않아 연륜이 느껴지는 나이가 되는 것이다.

사람은 누구나 매년 동등하게 나이를 먹는다. 어느 누구도 이것을 막을 수 없다. 내가 당신들에게 부탁하고 싶은 것은 이것이다. "벌써 서른인가……" 하며 탄식은 하지 말았으면 한다. 중요한 것은 언제나 청춘처럼 살아가는 모습과 마음가짐이다.

지금 당신의 나이보다 다섯 살 젊어지는 것은 어떨까? 스물다섯 살이면 스무 살이 되고, 서른 살이면 스물다섯 살이 되는 것이다. 서른다섯 살이면 서른 살이 되고, 마흔 살이면 서른다섯 살이 되어보자. 당신이 마음만 먹는다면 충분히 그렇게 보일 수 있다. 젊음은 젊은 기분에서 나온다. 스트레스에 찌든 십 대의 얼굴에서 서른의 이미지가 겹쳐 보이는 것은 그들이 힘들게 십 대의 여정을 걷기 때문이다.

하얀 티셔츠와 청바지 차림이 잘 어울린다는 칭찬을 들을 수 있을 정도로 젊어지자. 물론 이렇게 되려면 상당한 노력을 들여야 한다. 몸매를 유지해야 하고, 젊게 보이는 스타일을 배워야 하고, 말과 행동에 신경을 써야 한다.

그렇다고 청바지를 입는다고 해서 다 젊어지는 것은 아니다. 하지만 청바지는 세계 공통적으로 젊음을 상징한다. 나는 스물아홉 살을 '청바지 분기점'이라고 부르며 이 시기를 젊게 사는 출발 지점으로 정했다. 삼십 대 이후에도 멋지게 청바지를 입을 수 있도록 이때부터 노력하지 않으면 안 되기 때문이다. 내 경험상 이 같은 마음가짐은 내가 젊게 사는 데 많은 도움을 주었다.

젊게 사는 비결은 당신의 손아귀에 달려 있다. 당신이 그것을 쥐느냐 놓치느냐는 당신의 생각에 달려 있다.

22

당신 **몸이 강하면**
당신 **마음도 강해진다**

"**몸이** 긴장하면 마음도 긴장한다."

난 오래전부터 이 말을 강조해왔다. 강연에서도 종종 언급하기 때문에 많은 사람들이 이 말을 의식하며 편지를 써 오기도 한다.

긴장한 상태의 몸이란 적당히 운동해 근육이 늘어지지 않는 상태를 말한다. '늘 어딘가 가볍게 근육통이 있는 상태'라고 생각하면 적당할 것이다.

나는 이런 상태가 좋다. 시합에 나서기 전의 프로 선수처럼 긴장한 채 가슴을 펴고 거리나 직장을 다니면 나 자신이 강인해지는 것을 느낀다. 더불어 나 자신을 통제하고 있다는 자신감도 생긴다. 이는 일상생활에서 나에게 긍정적인 효과를 가져다준다.

소매를 걷어 올린 남자의 팔뚝을 보면 평소에 그가 얼마나 몸을 단련시키는지 알 수 있다. 미국 사회에서는 이를 'firm body' 즉 단단한 몸이라고 부르며 남자를 평가하는 기준으로 삼는다. 당신이 어느 팀의 리더가 되고자 한다면 당신 몸을 관리하지 않으면 안된다. 그렇다고 일부러 단백질 영양제를 먹으며 헬스클럽에 가서 근육운동을 할 필요는 없다. 그것은 시간이 너무 많아 뭘 해야 할지 모르는 남자들의 몫으로 남겨두자.

다만 서점에 가서 근육을 키우는 방법에 대해 쓴 책을 골라 그대로 3개월간 따라 해보자. 그 책에 적힌 대로 따라만 해도 강인한 기분을 만들 수 있다. 몸의 근육이 울퉁불퉁해지지 않아도 마음의 근육이 울퉁불퉁해질 것이다.

단 '운동한 날'은 반드시 수첩에 표시해놓고, 웬만하면 빼먹는 날이 없도록 하자. 운동도 꾸준하게 해야 효과가 있으니 그 점은 지키는 것이 좋다. 그날 술을 마셨다면 잠깐 하는 시늉이라도 해보자. 기분상으로라도 했다는 만족감을 느껴야 다음 날도 운동을 하게 된다.

나는 출장을 갈 때도 반드시 가방에 운동 밴드를 넣어 간다. 하루라도 운동을 하지 않는 날이 없기를 바라는 마음 때문이다. 아무 생각 없이 살아가면 누구라도 나이를 먹음에 따라 몸이 늙는다. 누가 보아도 '이 사람은 관리가 철저하구나!'라는 생각이 들게 해야 한다. 당신 몸이 강해지면 당신 마음도 강해진다.

23

긴장을 늦추지 마라,
그 안에 당신의 건강이 있다

아무리 옷을 깔끔하게 입고 열심히 몸을 단련해도 행동이 젊지 않으면 당신은 늙은이다.

대부분의 사람들은 젊음을 유지하기 위해 외모 쪽에 치중하는데 그보다 더 중요한 것은 무심코 하는 행동이다. 공공장소에서 무심코 신발을 벗거나 의자에 앉기만 하면 꾸벅꾸벅 조는 행동은 절대로 해서는 안 된다. 혼잣말을 많이 하거나 시선을 자꾸 엉뚱한 데 두거나 어깨를 늘어뜨리고 가방을 메거나 자신의 배를 원을 그리듯이 쓰다듬는 행위도 해서는 안 된다.

젊은 사람들은 이런 모습을 보면 고개부터 돌리고 교류하기를 꺼린다. 사실 나도 무의식적으로 이런 행동을 할 때가 있는데 의식할 때마다 얼굴이 화끈거린다.

가만히 살펴보면 이런 행동에는 공통된 요소가 있다. 긴장이 풀어지면 나오는 행동이란 점이다. 공공장소에서 다른 사람의 시선을 의식하지 않고 긴장이 풀린 말이나 행동을 하는 것이다.

그렇다면 문제는 간단히 해결된다. 집을 나서면 항상 카메라가 있는 것처럼 의식하며 행동하면 된다. 이것이 카메라를 의식하며 살아가는 사람들이 젊게 사는 비결이다. 긴장하면서 살아가는 것이다. 적절한 긴장감은 당신을 젊게 만들어준다. 긴장을 늦추지 마라, 그 안에 당신의 건강이 있다.

24

매년 자신에게 주는
가장 뜻깊은 선물은
건강검진이다

내가 존경하는 만담가 아야노코지 기미마로綾小路きみまろ가 이런 말을 한 적이 있다.

"지금부터는 겉모습이 아름다워봤자 아무 소용이 없습니다. 속 모습이 아름다워야 합니다."

왠지 나이가 있는 사람에게 하는 소리로 들리겠지만 슬슬 스물 아홉 살 때부터 이 말을 귀담아들어야 한다.

나는 이십 대 후반부터 매년 나에게 생일선물을 보내고 있다. 딱 히 가슴이 콩닥콩닥 뛰는 선물은 아니다. 포장도 되어 있지 않다. 돈을 지불하지만 다소의 고통과 괴로움이 동반된다. 그것은 바로 종합건강검진표다.

일본은 세계에서 유명한 최장수 국가다. 하지만 환경이 급격하 게 변화하면서 젊은이들의 건강의 질이 주목되고 있다. 병은 나이 가 들어서 걸리는 것이 아니라 아무 때나 불시에 닥치는 것이니,

스물아홉 살이라고 해서 안심할 수 있는 것은 아니다.

건강검진은 종류가 다양하다. 지금 당신에게 맞는 것부터 받아보자. 비교적 저렴한 가격의 건강검진은 집 근처 병원에서도 쉽게 받을 수 있다.

나는 내가 태어난 달에 건강검진을 받는다. 하지만 내시경 검사는 생략한다. 생일에 내시경 검사를 받는 괴로움을 피하고 싶기 때문이다. 반년 전부터 예약을 해두는 것이 좋다. 해마다 검사 항목을 하나씩 추가하면 큰 무리 없이 당신의 건강을 지킬 수 있을 것이다.

또 나는 건강과 관련하여 매년 '3일 단식'을 실행한다. 효소만 섭취하면서 체내의 독소를 제거하는데 단식은 몸속 내장에 휴식을 주는 기간이다.

우리는 하루하루 알게 모르게 몸에 좋지 않은 다양한 첨가물을 체내에 흡수하고 있다. 그 양이 무려 연간 약 8킬로그램이라고 한다. 현대 사회에서 살아가자면 어쩔 수 없는 일이지만 조금이라도 피할 방법은 있다. 바로 단식이다. 단식을 통해 내장을 깨끗하게 해주면 당신의 건강은 한층 더 좋아질 것이다.

단, 사람에 따라 다른 반응을 보일 수도 있기 때문에 자신의 몸 상태에 맞는 건강법을 찾는 것이 좋다. 가장 흔한 말이지만 진리이기 때문에 다시 한 번 지면에 적어보고자 한다. 건강은 건강할 때 챙겨야 한다.

25

노력하고자 하는 무언가가 있다면
당신의 젊음은 영원할 것이다

요즘 '시민 마라톤 대회'가 각광을 받고 있다. 마라톤 대회가 없는 주말이 거의 없을 정도다. 특히 시민 마라톤 대회는 누구나 가볍게 참가할 수 있는 스포츠 대회다. 매년 이 같은 대회에 참가해보는 것도 젊음을 유지하는 데 효과가 크다. 1년에 한 번씩, 습관적으로 하기에 안성맞춤이다.

대체로 마라톤 대회는 같은 시기 같은 곳에서 개최되기 때문에 꾸준히 참가하기가 쉽다. 10킬로미터 마라톤이든 하프 마라톤이든 풀코스 마라톤이든 상관없다. 그해의 기록이나 몸 상태를 살필 수 있는 기회로, 당신의 체력을 확실하게 점검할 수 있다.

나는 매년 같은 마라톤 대회에 참가하고 있다. 일이나 몸의 상태에 따라 참가하지 못한 경우도 있지만 빠지지 않으려고 노력한다. 노력하는 무언가가 있으면 젊어진다.

이때 나의 목표는 지난해의 기록을 경신하는 것이다. 매해 나이가 들수록 몸은 지쳐가므로 지난해의 기록을 경신하는 것이 무척 힘들지만 나만의 나이를 극복하는 방법으로 활용하고 있다. 자신의 마음과 몸의 기술을 얼마나 상승시킬 수 있는지 확인하는 데 좋은 정보가 될 것이다.

솔직히 말하면 대회에 참가할 때마다 가슴이 조마조마하다. 하지만 이런 기분을 갖는 것 또한 날 긴장시키는 방법이다. 노력하고 싶은 무언가가 있는 것이 젊음을 유지하는 길이다.

꼭 마라톤 대회일 필요는 없다. 개인의 취향에 맞추어 자신에게 맞는 스포츠 대회를 선택하면 된다. 해보겠다는 마음이 할 수 있다는 마음으로 진화할 것이다.

단, 단체 경기보다는 혼자서 기록을 경신하는 스포츠를 권한다. 그것이 자신의 나태함을 극복할 수 있는 가장 좋은 방법이기 때문이다.

26

건강 크레도,
당신 안에 깊숙이 심어놓아라

크레도^{Credo}는 라틴어로 '신조'라는 뜻이다. 신조는 '굳게 믿고 지키는 행동 지침'이다. 즉 행동 기준을 말한다. 호텔이나 외식업체는 물론, 수많은 기업에는 크레도가 있으며 대체로 한 장의 카드에 적혀 있다. 이것을 크레도 카드라고 한다.

크레도 카드는 전 직원이 갖고 있으며 보통 지갑이나 목에 걸고 다니는 ID 카드의 케이스 안에 넣고 다닌다. 그리고 크레도 카드를 꺼내 놓고 크레도를 주제로 여는 회의는 크레도 루틴^{Credo Routine}이라고 불린다. 이 회의는 회사의 신조를 공유하거나 행동 기준을 확인하기 위한 것이며 직원들 머릿속에 확실하게 크레도를 입력시켜준다.

나는 오래전부터 자신만의 규칙을 적은 '마이 크레도'를 만들라고 권유하고 있다. 한발 더 나아가서 '건강 크레도'도 강조한다. 건강을 유지하는 데 필요한 규칙을 한 장의 명함 크기의 카드에 적어놓고, 그것을 지갑에 넣고 다니는 것이다.

밥을 먹을 때는 최저 서른 번은 씹어야 하고, 튀김 요리를 먹을 때는 양배추를 곁들여야 한다는 것은 누구나 다 알고 있다. 하지만 이것을 실제로 적용하기란 그리 쉽지 않다. 가만히 앉아 있어도 끊임없이 정보가 들어오는 시대이기 때문에 자신이 결정한 일임에도 불구하고 쉽게 잊어버린다. 그때 이 크레도 카드를 보는 것이다. 나는 지갑에 크레도 카드를 넣어두고 출근할 때 꺼내어보며 다짐을 한다. 술자리에 가기 전에도 한번 읽고 간다.

하루 한 번은 과일을 먹고, 과자는 일주일에 한 번만 먹고, 밤 9시 30분 이후에는 절대로 음식을 먹지 않고, 서른 번은 힘들더라도 열 번은 씹어서 먹는다는 지침을 적어 매 순간 들여다보자. 들여다보면 익숙해지고, 익숙해지면 자신도 모르게 그것에 맞추려고 한다. 이것이 사람의 심리다. 이것을 잘 활용하면 당신만의 크레도 카드가 만들어지게 된다.

27

걷는다는 것은,
젊어진다는 증거다

매년 나는 초등학교 6학년 담임선생님과 식사하는 자리를 만든다. 그 선생님에게 여러모로 배운 점이 많았기 때문에 감사의 기회로 마련하는 것인데 지금까지 이어져오고 있다.

하지만 선생님은 아직도 나를 아이 취급하며 식사 값을 당신이 지불하신다. 나는 그 선생님의 마지막 제자였다. 내가 초등학교를 졸업하면서 선생님도 정년퇴직을 하셨다. 그 당시 그만큼 연세가 들었다는 말이다.

하지만 지금 뵈도 놀라울 정도로 정정하시다. 아니 젊다. 당시와 변함없이 화사하고 식사 양도 나와 비슷하다. 레스토랑에 있는 손님들 중에 제일 나이가 많은데도 선생님의 자세가 가장 바르다.

"선생님, 젊음의 비결이 뭐죠?"

이렇게 물어보자 선생님은 아주 간단하게 대답하셨다.

"하반신!"

하반신이 약해지면 외출할 기회가 적어진다. 설사 외출하더라도 밖에 있는 시간이 짧고 행동 범위가 좁아진다. 밖에 나가는 것이 두려우면 옷차림에 신경도 쓰지 않고 화장도 안 하게 되니, 하반신의 힘을 길러 밖에 자주 나가는 것이 선생님의 젊음의 비결인 것이다.

특히 사회와 만나는 기회나 젊은 사람들이 주는 신선한 자극을 받는 기회가 줄어들면 새로운 일에 대한 흥미와 관심 그리고 무언가에 도전하고 싶은 마음이 사라진다. 이때부터 진정한 노화가 시작되는 것이다.

선생님은 여전히 새로운 쇼핑몰이 생기면 부리나케 다녀오시고, 흥미가 생기는 분야는 득달같이 달려드신다고 하니 역시 마음뿐만 아니라 몸도 젊어지는 것이다.

때론 밖에 나가는 것이 성가시고 사람과 만나는 것이 귀찮을 때가 있다. 나이를 먹으면 이 같은 마음이 더 심해진다. 하지만 이것에 길들여져 점점 자신 안에만 머물면 노화가 촉진된다. 나가서 새로운 사람을 만나고, 나가서 새로운 물건을 보고, 나가서 새로운 어떤 것을 받아들여야만 젊음이 되살아난다. 이것이 바로 삶을 풍요롭게 해주는 활력소다.

하고 싶은 일을 하지 않으면 안 되는 일로 만들어라. 그러면 당신의 젊음은 항상 당신 안에 있을 것이다.

28

29살, **젊지도 늙지도 않은 함정**에서 벗어나라

누군가에게 젊음을 유지하는 비결을 물었더니 이렇게 답했다.

"나이를 세지 않는 것."

사람은 누구나 새해가 되면 마음속에 '벌써 ○○살이 되었네' 또는 '이젠 예전의 내가 아니야'라는 부정적인 생각을 슬며시 가지게 된다. 또 이런 경우도 많다.

'어……, 뭐지? 그 가게 이름? 요즘 이름이 통 생각이 나지 않아.'

비단 가게 이름뿐만이 아니다. 일용 잡화, 식품 이름, 과자 브랜드 등은 결코 외우기가 만만치 않다. 머릿속에 집어넣으려면 단어장이 필요할 정도다. 게다가 요즘에는 각종 인터넷 서비스 이름이 하도 많아 기억하기는커녕 무슨 뜻인지조차 모르는 것도 많다.

젊게 사는 사람들은 최첨단 정보를 습득하는 일에 발 벗고 나선다. 모르는 일이 있으면 '어, 그게 뭐지?' '그것이 왜 지금 유행할까?' '앞으로 어떻게 변할까?' 하고 눈을 반짝인다. 모르는 것이 있으면 그것에 대해 잘 알고 있는 사람을 붙잡고 물어본다. 체면이고 뭐고 다 집어치우고 새로운 것을 받아들이려고 노력하는 것이다.

스물아홉 살의 당신, 자신이 어른이 되었다고 생각하면서 이런 생각을 하고 있지는 않은가?

"요즘 아이들은 도대체 왜 그러는 거야? 도저히 이해가 안 돼."

이런 생각이 당신을 보수적으로 만든다. 이해가 안 되면 그들을 이해하려고 노력해보자. 왜 그런지 모른다면 왜 그렇게 행동하는지 알아보자.

어른이라고 생각하고 한쪽 창문을 닫아버리면 보수적이라고 실망했던 사람들의 모습이 곧 당신의 모습이 될 것이다. 당신이 젊게 살고 싶다면 이 함정에서 벗어나야 한다.

29

남의 이야기를 부정하지 않는 것,
젊음의 특권이다

당신의 등은 주위 사람들이 쉽게 볼 수 있다. 하지만 당신은 보지 못한다. 거울을 통해 본다고 하더라도 전부가 선명하게 보이지는 않는다.

이와 같이 사람이 살아가다 보면 다른 사람 눈에는 훤히 보이지만 자신은 알아채지 못하는 일이 너무 많다. 스물아홉 살이 되면 우리는 종종 그런 함정에 빠지곤 한다.

당신은 자신에 대해 잘 알고 있다고 생각할 것이다. 하지만 그것은 당신의 착각일 뿐이다. 당신에게는 당신이 모르고 있는 일들이 너무 많다.

왜 그런 것일까?

다른 사람들이 당신에 대해 구체적으로 명확하게 설명해주지 않기 때문이다. 스물아홉 살이 되면 어른이 되었다고 생각하기 때문에 무슨 잘못을 해도 잘 알아서 해결하겠지, 하는 마음으로 잘못을 지적하려 하지 않는다. 그것이 거듭되면 당신은 당신이 만들어 낸 모습만 볼 뿐이지, 객관적인 당신의 모습은 볼 수 없게 된다.

스물아홉 살, 지금 당신에게 필요한 것은 당신의 모습을 객관적으로 보는 것이다. 그리고 무언가가 잘못되어 있다면 확실하게 바로잡아나가야 한다.

스물아홉 살이 되면 직장에서 선배는 물론 후배도 생길 것이다. 회사에서 중심적으로 일하는 나이대가 된 것이다. 그렇다면 이젠 생각해보자, 후배와 나누었던 대화를. 혹시 후배가 무슨 말을 하면 그것을 부정하면서 이야기를 시작하지는 않는지. 물론 태도는 부드러울 수도 있고, 강경할 수도 있다.

하지만 "그건 그렇지만"이라는 전제조건을 달고 있지는 않았는가? 부정할 의도가 없지만 말은 부정하고 있지 않았는가? 그것도 아니라면 상대의 말이 끝나기도 전에 말허리를 자르고 자신의 이야기를 꺼내지는 않았는가?

이것 또한 상대의 말을 부정하는 행위다. 이런 행위는 자신의 의견이 더 중요하다고 생각하기 때문에 하게 되는 것이다. 이는 한 심리 연구에 의해 밝혀졌다.

이런 행동을 반복할수록 당신은 기성세대의 좋지 않은 버릇에 발을 들여놓게 된다. 당신도 후배였다. 그리고 자신의 말이 중간에 잘렸을 때, 자신의 말이 부정당했을 때, 매우 불쾌했던 경험이 있을 것이다. 당신은 당신이 싫어하는 오류를 아무렇지 않게 범하고 있는 것이다.

남의 이야기를 부정하지 않을 때 당신의 젊음이 생생해진다. 받아들인다는 것은 그만큼 당신이 젊다는 증거다.

30

29살, 살기 위해 먹기보다는
먹기 위해 살아라

살기 위해 먹는 사람이 있는가 하면 먹기 위해 사는 사람이 있다. 각자의 성향이기 때문에 어느 쪽이 옳다 그르다고 평가할 수는 없다. 하지만 난 되도록 후자로 살아가고 싶다.

살기 위해 먹기보다는 먹기 위해 사는 사람이 되고 싶다는 말이다. 왠지 탐욕스러워 보일 수도 있지만 난 일에 쫓겨 샌드위치나 햄버거로 한 끼를 때우는 것을 좋아하지 않는다.

일본은 세계의 온갖 맛있는 음식을 먹을 수 있고, 다양한 식재료를 쉽게 손에 넣을 수 있는 나라다. 일본의 식문화가 다양하고 풍요로운 이유는 사계절이 분명하고 국토가 남북으로 길게 뻗어 있기 때문이다. 그 덕분에 일본에 사는 사람들은 다양한 식문화를 즐길 수 있다. 일본에 살아서 좋은 점이 여기에 있다.

삶의 질을 높이고 인간관계를 다양하게 넓히기 위해서는 음식이 맛있는 집을 많이 알아두는 것이 좋다. 하지만 나는 한발 더 나아가 식재료와 요리법에 능통해지라고 말하고 싶다.

일본 요리의 식재료나 요리법에 국한하지 않고 여러 나라의 식문화나 요리법을 공부한다면 맛의 탐구 범위가 넓어질 것이다.

계절이나 기후, 경제나 유통, 역사나 문화, 생산자나 이름의 유래를 알고 식재료와 요리법을 공부하면 다양한 지식을 얻을 수 있다. 무엇보다 영양에도 견문이 넓어져 건강을 챙기기에도 좋다.

음식에 관한 만화로는 맛의 문화를 추구한 《맛의 달인 美味しんぼ》이 유명하며, 그 외에도 커피나 녹차에 초점을 맞춘 만화, 보리차를 주제로 그린 만화 등 실로 다양하기 그지없으니 읽어보길 권한다. 이런 만화를 자기 전에 잠깐 읽어두면 식재료나 조리법에 대한 지식이 자연스럽게 쌓여간다. 나는 오늘도 그런 식으로 음식에 관한 지식을 습득하고 있다.

Part 2
Grow your ability

29살, 성장시켜라 너의 능력을

4장

29살,
당신의 울타리는 안전한가?

31

300명보다
30명이 더 소중하다

스물아홉 살이 된 당신, 또는 스물아홉 살을 맞이하는 당신의 울타리는 어떤가? 이 나이가 되면 슬슬 자신의 인맥에 관심을 쏟게 된다. 그리고 인맥이 대화의 주제가 되기도 한다. 그렇다면 대체 인맥은 무엇을 뜻하는 것일까?

당신 책상 위의 명함 폴더를 살펴보라. 그 명함 속의 인물 모두가 당신의 인맥이 될 수 있는가? 또는 휴대전화에 저장되어 있는 사람들이 당신의 인맥이 될 수 있는가?

누군가는 500명의 전화번호를 가지고 있다고 자랑하기도 한다. 또는 소셜 네트워크의 온라인 친구들을 인맥이라고 말하는 사람도 있다.

정말 그럴까? 여기서 인맥의 조건에 대해 알아보자. 개인뿐만 아니라 기업도 이런 작업이 필요하다. 먼저 현재 소중한 사람 30명을 적어보자. 과거에 신세를 져서 은혜를 갚고 싶은 사람, 100

퍼센트 당신을 믿는 사람, 늘 응원을 아끼지 않는 사람, 문제가 생겨 연락하면 자신의 일처럼 걱정하고 도와주는 사람, 그때그때 필요한 사람을 소개해주는 사람 등을 선택해 적는다.

이 사람들이 당신의 인맥이다. 그렇지 않은 사람들은 당신의 인맥에서 빼놓아야 한다. 얼굴만 알거나 연락처만 주고받거나 평범한 안부만 주고받는 사람들은 당신의 인맥이 될 수 없다.

스물아홉 살은 인생의 행로를 두고 갈팡질팡할 때다. 이 시기에 소중한 것은 양보다 질이다. 꾸준하게 친교를 맺는 소중한 사람 30명만 있어도 당신의 인맥은 안전하다. 이들을 소중하게 생각하면 그들은 수백 명의 관계에 버금가는 가치를 보여줄 것이다.

내 인맥이 빈약하다고 한탄하지 말고 지금 있는 인맥이라도 잘 관리하고 이어가기 바란다. 스물아홉 살은 그런 준비를 해두는 시기다.

32

함께했다는 것,
그것은 **인연을 특별하게 만드는 마법**

회사는 이윤을 추구하는 조직이다. 그리고 수많은 사람들의 생계를 책임지는 곳이다. 그곳에는 수많은 사람들이 일하고 있다. 그러다 정년퇴직을 맞이한다. 설립 연도가 길수록 그 회사와 연관된 사람들은 늘어난다. 사람뿐만 아니라 기업과 기업 간의 관계도 확대된다. 그렇다면 그 인연들을 어떻게 받아들이면 좋을까?

여기 설립된 지 100년이 넘은 회사가 있다. 이 회사에는 독특한 관행이 있다. 정년퇴직을 한 선배와 현재 일하고 있는 후배가 매년 함께 모여 점심을 먹는다. 더 독특한 것은 점심 메뉴다.

솥밥!

솥밥은 고기나 생선 또는 조개나 야채 등을 넣고 간장으로 간한 밥이다. 왜 이 음식을 먹는 것일까? '한솥밥을 먹은 사이'라는 인연을 강조하기 위해서란다. 그리고 다시 한 번 지금 현재 맺고 있는 인연의 소중함을 상기하는 시간을 갖는 것이다. 사장님이 워낙 인연을 소중하게 여기기 때문에 이런 문화가 정착되었다고 한다.

이 짧은 사례를 통해 우리는 인연에 대해 많은 생각을 해보아야 한다. 많은 사람들이 '함께 OO를 한 사이'라는 말에 은근히 약하다. 누군가 나에게 "우리는 OO를 함께한 사이잖아요"라고 말하면 무리한 부탁이라도 섣불리 거절하지 못하게 된다.

그런 관점에서 보면 이 말은 사회인에게 있어 마법과 같은 표현일지도 모른다. 효율적인 인맥 구축법은 여기에 있다. 함께하는 무언가가 있다는 것, 그것을 많이 만들수록 당신의 인맥은 점점 넓어질 것이다.

33

누구를 소개하는 것,
그것은 **배려하는 마음의 시작**이다

나는 배려하는 사람을 좋아한다. 그리고 그 사람의 역량을 판단할 때 이를 기준으로 삼는다. 사람을 배려할 때 보이는 능력은 사람을 소개할 때 적나라하게 드러난다.

예를 들어, 여기 세 사람이 서 있다고 가정해보자. A는 다른 두 사람을 잘 알고 있는데, B와 C는 초면이다. 두 사람은 서로에 대해 아무것도 모르기 때문에 굉장히 낯설어한다. 이때 A가 이 둘을 어떻게 소개하느냐에 따라 그 자리의 분위기가 크게 달라진다.

아주 평범하게 "이쪽은 B입니다. 그리고 이쪽은 C입니다"라고 한다면, A는 배려 능력이 부족한 것이다. 그러면 어떻게 해야 할까?

처음 만나는 사이라도 친근한 감정이 들도록 두 사람의 공통점 등을 알려주면서 소개해야 한다. 아니면 좀 더 수준 높게 B와 C의 인격에 대해 이해하기 쉽게 코멘트를 달아주는 것도 좋다. 또는 A라는 사람이 그 둘에게 평소에 진 신세 등을 이야기해주면 분위기는 화기애애해진다.

나는 사람을 소개할 때 당사자들이 부끄러워할 정도로 칭찬해야 한다고 생각한다. B와 C가 손을 내저으며 "그건 좀 과장된 말이지"라고 할 정도로 칭찬해야 한다고 생각한다.

물론 이렇게 소개하기 위해서는 평소 친구나 지인에게 많은 관심을 갖고 있어야 한다. 일상생활에서 그들에게 꾸준히 관심을 가져야만 배려 깊은 소개를 할 수 있는 것이다. 나는 수많은 사람들을 만나보았기에 이 점을 확신할 수 있다.

누구나 자기소개는 할 수 있다. 하지만 스물아홉 살이라면 타인 소개도 능숙하게 해낼 수 있어야 한다. 사람을 소개하는 순간은 평소 그 사람에 대해 가지고 있던 생각이나 속에 감추고 있던 감사의 마음을 드러낼 수 있는 좋은 기회다. 한층 친밀한 인간관계를 위해서는 이 같은 배려하는 마음을 간과해서는 안 된다.

34

"고맙습니다"라고 말하는 것은
세상을 아름답게 보려는 당신의 노력이다

와타미^{ワタミ}라는 기업은 선술집 체인점 사업을 주축으로 돌보미 서비스 사업이나 농산물 분야 등 다방면에 걸쳐 사업을 전개하고 있다. 이 기업의 표어는 이것이다.

'지구에서 가장 많이 감사의 말이 오가는 그룹이 되자.'

이 회사에는 직원 한 명 한 명이 누군가에게 매일 감사의 말을 세 번 하고, 똑같이 세 번 들어야 한다는 규칙이 있다. 감사의 말을 주고받는 구체적인 수치를 정해놓은 것이다.

나 또한 회사 방침을 '무슨 일이든 긍정적으로 끝낸다'로 정했다. 매주 금요일이 되면 직원이 모두 모여 그 주에 고객에게서 온 기쁨이나 감사의 말을 소개한다. 그러고 나서 각 부문별로 '분명히 사회에 도움이 되었다'는 사실을 확인하고 일주일 업무를 마친다.

너무나 당연한 말이지만 '감사'라는 말은 매우 중요하다. 이것 없이는 의사소통이나 인간관계가 원활하게 이루어지지 않는다.

그런데도 많은 사람들이 감사하다고 말해야 당연한 일에도 감사하다는 말을 하지 않는다. 또는 잊어버리고 산다.

혼자서 살아갈 수 있는 사회는 존재하지 않는다. 누구나 누군가의 신세를 지고 도움을 받으며 살아간다. 그리고 우리는 누군가가 만들어놓은 길을 따라 걷고 있다. 이 관점에서 세상을 바라보면 이 세상의 모든 것은 '주어진 것'이다. 내가 '한 것'이 아니다. 이러니 감사하다고 말하라는 것이다.

나는 스물아홉 살 무렵부터 감사의 표현을 입에 달고 살았다. 사업적인 이야기를 할 때는 특히 감사의 말을 더 자주 사용한다. 친구들과도 마찬가지다.

"다른 사람에게 너에 대해 소개했어."

"내 생각을 해줘서 정말 고마워."

다시 말하지만 나는 스물아홉 살 무렵부터 감사의 표현을 입버릇처럼 말해왔다. 대답을 할 때 되도록 감사의 표현으로 시작하거나, 대화 중에 감사의 표현을 군데군데 끼어넣고 있다.

"요전에 친구들과 모였을 때 네 얘기를 했었어."

"정말! 고마워. 내 생각을 해주어서."

"요즘 왠지 바쁜 듯하네요."

"요즘 같은 때 정말 고마운 일이죠."

감사의 표현을 자주 쓰면 당신 주위의 관계가 또는 당신과 사회의 관계가 또 다른 시각으로 보인다. 무엇보다 자신이 누구 때문에 살아가고 있는지 명확해진다. 감사는 세상을 아름답게 볼 수 있는 창이다. 좀 더 많이 감사의 말을 하고 다니자.

35

나이 먹은 게 자랑은 아니다,
절대로 거만해지지 마라

이 책에 적혀 있는 것은 모두 내가 스물아홉 살 때부터 실천해온 것들이다. 그중에서 특히 소중하게 생각하는 것은 '상대가 누구더라도 똑같이 대하는 것'이다.

어찌 보면 사람은 거만함의 동물이라고 불려도 마땅하다. 나이를 먹을수록 왜 그리 거만해지는지, 나이 먹은 게 자랑은 아닌데도 남에게 나, 나이 먹었소, 라고 자랑하고 싶은가 보다.

물론 그럴 수밖에 없는 환경도 한몫한다. 생각해보라. 가게에 가면 점원들이 다들 십 대 후반 아니면 이십 대 초반이다. 그들의 접객을 받으니, 왠지 자신이 한없이 높아지는 것 같으리라. 그래서 스물아홉 살부터 거만함이 몸에 배기도 한다.

하지만 그것에 익숙해지기 전에 싹둑 잘라버리기 바란다. 거만함은 당신의 이미지만 나쁘게 할 뿐, 당신에게 아무런 이득이 되지 않는다. 상대가 누구든 지금 할 수 있는 최고의 예를 갖추어 대해야 한다. 이런 사람이 정말 멋진 사람이다.

그러나 이 같은 행동은 사람에 대한 존경심이 없으면 밖으로 표출되지 않는다. 자신 밑에 사람 없고, 자신 위에 사람 없다는 마음으로, 사람을 사랑하는 마음으로 다른 사람을 대한다면 당신도 충분히 멋진 사람이 될 것이다.

학생이든, 정치가이든, 나이 많은 사람이든, 사장이든, 여성이든, 남성이든, 국적, 민족, 종교가 무엇이든 최고의 예를 갖추어 대한다면 자신뿐만 아니라 주변의 모든 사람이 행복해진다. 상대방도 기분 좋고 당신 자신의 가치도 올라간다.

골프 선수 이시카와 료石川遼나 야구 선수 사이토 유키斎藤佑樹는 언제 어디서든, 누구에게나 최고의 예를 다하는 사람들이다. 나도 그들처럼 하고 싶지만 아직 수행이 모자란 것 같다. 앞으로 더 노력해야 할 부분이다.

그리고 당신이 잊지 말아야 할 것은, 당신의 행동을 당신의 후배가 샅샅이 훑어보고 있다는 점이다. 당신의 행동에 따라 후배의 태도가 달라진다.

36

'피곤한 모습을 보이지 않는 것'도
훌륭한 사회 공헌이다

어느 날 밤, 친구들과 식사하면서 어떤 사람이 매력적인지에 대해 이야기를 나누었다. 결론이 어떻게 나왔을까? 아주 당연한 것이라 시시할 수도 있지만 진리는 변하지 않는다.

'자신의 일을 사랑하며 그 일을 열심히 하는 사람!'

짧지만 이 표현 속에는 여러 가지 의미가 담겨 있다. 매력적인 사람은 사회나 직장에 대해 불평을 하지 않을 것이다. 그리고 문제가 생기면 회피하지 않고 당당히 맞서 문제를 해결할 것이다. 또 스트레스에 침몰되어 도축장에 끌려 나가는 소처럼 질질 끌려가지 않을 것이다.

이 모습들을 떠올리니, 내가 스물아홉 살 때 꿈꾸었던 이상적인 나의 모습이 겹쳐졌다. 난 이런 사람이 되고 싶었다. 남들에게 매력적으로 보이고 싶어 이런 사람이 되고 싶어한 것은 아니다. 그저 이런 모습이 이상적으로 보였다.

세상을 살다 보면 재미있을 때도 있고, 재미없을 때도 있다. 세상을 살다 보면 활기에 찰 때도 있고, 피곤할 때도 있다. 하지만 난 재미없어도 피곤해도 그 말을 꺼내지 않으려고 노력한다.

입만 열면 "피곤해" "재미없어"라는 말을 달고 다니는 사람 옆에 있으면 활기찬 나까지도 피곤해지고 재미없어진다. 처음에는 약간의 호응이 있겠지만 계속 반복되면 사람들이 가까이하지 않을 것이다.

그래서 난 절대로 그런 말들을 입 밖에 꺼내지 않겠다고 결심한 것이다. 규칙으로 정하기까지 했다. 내 사전에 이런 말을 쓰는 날은 없을 것이라고 마음먹었다.

나는 '피곤한 모습을 보이지 않는 것'도 개인이 할 수 있는 훌륭한 사회 공헌이라고 생각한다. 사회와 좋은 관계를 맺고 싶은가? 친밀한 인간관계를 만들고 싶은가? 그럼 절대로 피곤하다거나 재미없다는 말을 쓰지 말자. 한숨이나 하품 또한 마찬가지로 삼가자. 생리적인 현상이니 어쩔 수 없는 부분이 있겠지만 한숨이나 하품이 나온다면 화장실 가서 처리하라.

난 사람들 앞에서 영양드링크도 마시지 않는다. 피곤한 모습을 보이지 않기로 작정했으니, 이 정도 노력쯤은 별것 이니다. 매력적인 사람은 이미지에서 시작된다는 점을 잊지 말자.

37

비평가는 누구나 될 수 있다,
어려운 것은 창조자가 되는 것이다

잠자코 있을 때만 빼고는 항상 입에 커피를 달고 사는 나는, 카페에서 글을 쓸 때가 많다. 하지만 내가 자주 가는 카페는 그리 크지 않다. 손님이 북적거릴 때면 정말 비좁다는 느낌을 지울 수가 없다. 외진 곳을 찾아 앉아도 다른 자리에서 나누는 대화가 그대로 귀에 들어온다.

나도 모르게 듣다 보면 대체로 회사에 대한 불만이 주를 이룬다.

"왜 그가 부장이 된 거야?"

"우리 회사는 항상 그 모양이야!"

"이런 쥐꼬리만 한 월급으로 어떻게 한 달을 살아!"

이런 말을 들으면 내심 안타깝다. 이들 중에 한 명이라도 불만을 차단하는 사람이 있다면 얼마나 좋을까 하는 생각도 든다.

'불만을 차단하는 사람'은 우리 회사에서 즐겨 쓰는 표현이다. 불만이나 험담을 입에 담는 사람이 있을 때 "그래도 ○○○ 씨도 상당히 좋은 점이 있잖아"라고 불만을 멈추게 하는 역할을 하는 사람을 가리킨다.

물론 누군가 험담을 했을 때 누군가는 "그래 맞아!" 하며 맞장구를 쳐야 대화가 재미있다. 하지만 이는 나중에 심각한 문제를 초래할 수 있다. 말은 어떤 식으로든 돌기 때문이다.

둘이서 얘기하고 끝나는 문제라면 괜찮겠지만 실상 말이 돌다 보면 그런 식으로 끝나지 않는다. 그래서 나는 평소 일과 관련된 사람의 험담을 하지 않는다. 그리고 될수록 불만을 차단하는 사람이 되자고 권해본다.

그래서 우리 회사는 이 말을 모토로 누군가의 험담을 하지 않는다. 창조자가 되기는 어렵지만 비평가가 되는 것은 쉽다. 우리는 비평가보다는 창조자가 되는 쪽으로 자신을 성장시켜야 한다.

38

대안 없이
누군가를 비판하지 마라

나는 업무상 수많은 기업을 방문한다. 그때마다 그 회사를 더 잘 알기 위해 회의실을 견학한다. 회의의 분위기는 현재 그 회사의 모습을 보여주는 축소판이다. 규율이나 팀워크 그리고 일에 대한 정열, 세대의 관계성 등을 가늠할 수 있는 척도가 되는 것이다.

회의실에서 쉽게 볼 수 있는 것이 벽에 붙여진 포스터다. 대체로 간략하게 '회의 규칙'이 적혀 있다. 그중에 이런 말도 있다.

'회의에 참가하면 반드시 어떤 발언이라도 하자!'

회의에서 발언하지 않는다면 그 사람은 그 회의에 참가하지 않은 것과도 같다. 브레인스토밍 회의이든 의사 결정 회의이든 단순히 참가에 의의를 두는 회의라는 것은 없다.

그렇다고 누군가의 의견에 대해 비판이나 부정을 일삼는 발언을 하라는 것은 아니다. 그럴 바에는 차라리 가만히 있는 편이 낫다.

그래서 난 회의 규칙에 이 말도 반드시 집어넣는다.

'비판이나 반대를 한다면 그 대안을 제시한다.'

이것은 회의뿐만 아니라 공과 사를 막론하고 인간관계에서 꼭 필요한 의사소통의 규칙이다. 상대의 의견에 대해 조금이라도 비판을 하고자 한다면 "만약 이렇다면 이런 식으로 하는 것이 좋을 것 같습니다"라는 대안을 제시하는 것이 기본적인 매너다.

예전 나의 상사는 이런 점에 능숙한 분이었다.

"이렇게 생각해보면 어떨까요?"

이런 식으로 부드럽게 반대하는 의견을 제시하니 상대방도 자신의 의견이 부정당하고 있다는 느낌을 받을 수가 없다. 더불어 더 나은 방향을 모색할 수 있다. 반대를 위한 반대는 우리 한번 싸워보자고 시비를 거는 것밖에 되지 않는다.

39

끝은,
즐겁지 않더라도 즐겁다고 말하면서
마무리하라

끝이 좋으면 모든 것이 좋다! 회의든 협상이든 긍정적으로 끝내는 것만큼 사람을 기분 좋게 하는 것도 없다. 친구와 잡담을 나눌 때도 마찬가지다.

회의나 미팅의 끝이 침체된 분위기였다면 헤어지고 나서도 기분이 상쾌하지 않다. 며칠 동안 그 기분에 젖어 일은 일대로 안 되고, 집에서는 제대로 쉬지도 못한다. 무슨 일이든 끝을 잘 마무리해야 한다.

선수 대기실 안을 들여다보라. 감독들은 최대한 선수들의 사기를 충전시키기 위해 긍정적인 말만 골라서 한다. 우울한 얘기로 선수들을 축 처지게 하는 감독은 없다. 이기고 있든, 지고 있든 상관없이 최대한 밝은 분위기를 만들어 선수들을 시합에 내보내는 것이 감독의 자질이다.

이와 같다. 무슨 일이든 긍정적인 분위기로 마무리하면 그 자리에 있던 사람들은 얼마 동안이라도 기분이 좋다.

나는 일본 전국을 돌아다니면서 강연을 하는데 가끔 청중들이 "당신이 소중하게 생각하는 말은 무엇인가요?"라고 질문한다. 그때 나는 이렇게 답한다.

"평생에 단 한 번의 만남과 평생에 단 한 번뿐인 일을 뜻하는 일기일회一期一會라는 말입니다."

우리는 언제 어디서 또 만날 수도 있지만 두 번 다시 만나지 못할 수도 있다. 이것이 인생이라면, 한 번의 만남을 잘 마무리하는 것은 상대방과 나에 대한 최고의 예의라고 할 수 있다. 긍정적인 분위기로 마무리를 하라. 이것만 지키면 우리는 서로에게 아름다움만 남겨줄 수 있다.

40

선물,
취미와 관련된 것은 절대 주지 마라

비즈니스를 하다 보면 선물을 빼놓을 수가 없다. 개인적으로 보내는 선물, 회사에서 감사의 표시로 보내는 선물, 여행을 갔다 와서 직장 동료에게 나누어 주는 선물 등 인간관계에서 선물이란 존재는 매우 가치가 높다.

특히 선물은 당신이 보내는 메시지다. 당신이 얼마나 관심을 기울였느냐가 선물 속에 담겨 있다. 그리고 선물을 받는 사람은 그것을 고스란히 느낀다. 선물도 의사소통의 한 도구인 것이다.

하지만 이것으로 인해 수많은 오해가 생기기도 한다. 혼다의 창업자인 혼다 소이치로本田宗一郎는 이런 말을 했다.

"사람의 취미와 관련된 선물은 절대 하지 마라."

그는 혼다의 직원에게 선물을 보낼 때도 이 주의 사항을 빼놓지 않는다고 한다. 입이 닳도록 강조하고 있는 것이다. 도대체 그 이유가 뭘까?

누구나 자신의 취미에 대해서는 매우 까다롭게 굴기 때문이다. 물론 나도 그렇고 아마 당신도 그럴 것이다. 취미와 관련된 선물은 보내는 쪽의 무지를 단번에 들켜버릴 수도 있기 때문에 웬만하면 선물을 보낼 때는 무난하지만 정성을 들인 것으로 하는 쪽이 좋다.

절대로 잊지 말아야 할 점은 선물은 당신이 보내는 메시지라는 것이다. 돈 잃고 이미지 잃은 사례는 내가 하나하나 열거하지 않아도 당신들도 경험했을 것이다.

나는 프로젝트를 시작할 때, 종종 팀원들에게 꽃씨를 선물하곤 한다. '함께 아름다운 꽃을 피우자'라는 메시지가 담겨 있기 때문이다. 요즘에는 선물로 나무를 보내는 경우도 많다고 한다. 나무를 보내면서 상대방의 이름이 적힌 식림 증명서를 함께 동봉하는데 받는 사람이 많은 감동을 받는다고 한다.

선물은 고르기까지는 매우 고민이 되지만 보내는 순간 서로에게 가장 행복한 기분을 만끽하게 해주는 존재다.

5장

29살,
당신은 유능한 사원인가?

41

일을 기다리지 마라,
스스로 만들어 실행하라

동과 서 그리고 남과 북, 커피를 마시는 나라와 녹차를 마시는 나라, 빵이 주식인 나라와 밥이 주식인 나라 등 세계를 둘로 나누는 방법은 실로 여러 가지다. 그렇다면 회사에서 일하는 사람을 둘로 나눈다면? 나는 이렇게 분류해보았다.

기다리는 유형과 제안형. 기다리는 유형은 잠자코 일을 기다리는 사람이다. 지시나 작업 순서에 맞추어 일을 진행하지만 혼자서는 아무 일도 하지 못한다. 정해진 일 이외에는 관심도 없고 새로운 일에 도전하지도 않는다.

한편, 제안형은 자신의 일을 정확히 해내는 것은 기본이고, 그 외에 문제점이 발견되면 개선책을 제안하고 스스로 나서서 문제를 해결한다. 전임자가 했던 일을 완벽하게 소화해내고 톱니바퀴처럼 일을 잘 맞물리게 할 뿐 아니라 업무의 가치를 높이고 효율성에 중점을 둔다. 때론 회사 전체를 개선하는 제안을 하기도 한다. 요컨대 제안형은 자신은 물론 회사를 성장시킬 수 있는 사람이다. 나는 당신에게 이렇게 말하고 싶다.

"일을 기다려서는 안 된다. 스스로 만들어 실행하라!"

어느 회사든 핵심 직원은 모두 이런 자세를 가지고 있다. 즉 제안형 사원인 것이다. 나도 이런 사원으로 기억되고 싶다.

매일 반복되는 업무는 가급적 오전 중에 마치고, 오후에는 좀 더 나은 미래를 위해 여러 가지를 개선해나간다. 이것이 진정한 '일'이라고 할 수 있다.

예전 나의 상사였던 부장님은 부하 직원에게 "모두 제안형 사원이 되기 바란다"라는 말을 빼놓지 않았다. 이 말은 지금 나의 직업에 대한 가치관이자 시발점이 되었다. 이런 선배가 많을수록 그에 미치지는 못하더라도 따라가려는 후배가 생기는 것이다.

42

기꺼이 '처음'을 즐겨라

미국인들이 나누는 대화를 유심히 들어보라. 그러면 이런 표현이 자주 등장할 것이다.

"Tastes like chicken."

이 표현은 닭고기 같은 맛이 난다는 뜻으로 진귀한 음식을 먹었을 때 자주 사용하는 관용구다. 음식을 평하는 데 무난하게 쓸 수 있는 말이다. 이 밖에도 미국인들이 자주 사용하는 관용구 중에 "First time for everything"이란 표현이 있다. 직역하면 "모든 것에는 처음이 있다"가 된다.

특이하게도 이 표현은 상황에 따라 의미가 조금씩 달라지는데 대체로 상사가 부하 직원에게 힘든 업무를 지시할 때 부드럽게 사용한다. 즉 "처음을 기꺼이 즐겨라"라는 느낌인 것이다.

자신을 응원하기 위해서 이 표현을 사용할 때도 있다. 어려운 문제나 처음 도전하는 일을 앞두고 있는 사람이 호흡을 가다듬고

"First time for everything!"이라고 주문을 외우는 것이다.

첫 순간은 누구에게나 두려운 법이다. 특히 나이를 먹으면 처음이라는 순간이 매우 귀찮게 여겨지기도 한다. 하지만 그 순간 도망치면 바로 그 지점이 당신의 종착지가 되고 만다. 풍부한 잠재능력의 싹을 틔우지 못하고 성장이 그대로 멈추어버리는 것이다.

나는 강연을 할 때 종종 경영자에게 이렇게 묻는다.

"회사에 어떤 직원이 있으면 좋겠습니까?"

그러면 대부분 이렇게 답한다.

"도전하는 것을 즐기고, 그것을 통해 자신을 성장시키는 직원이 있으면 좋겠습니다."

난 다시 한 번 묻는다.

"그렇다면 회사에 어떤 직원이 있으면 곤란하겠습니까?"

"뭔가 새로운 일을 시작하려고 할 때 그 일에 대해 반대하고 나서거나 피하는 직원은 곤란할 것 같습니다."

당신은 어떤 직원이 될 수 있는가? 모두 전자에 속했으면 한다. 모든 일에는 반드시 '처음'이 있다. 그 처음을 두려워하면 아무 일도 시작할 수 없다.

43

당신은 행운아다!
그렇지 않아도 그렇게 생각하라

스물아홉 살의 당신, 어떤 말을 들어야 기분이 좋을까?

"귀엽다."

"멋지다."

"스타일이 있다."

아마 대부분의 이십 대들은 외모를 칭찬하는 말을 좋아할 것이다. 만약 다음과 같은 말을 듣는다면 어떤 기분이 들까?

"당신은 정말 행운아네."

이 말을 듣는다면 당신은 이 시대의 소중한 인재가 될 수 있다. 어떤 회사의 면접에는 이런 질문이 포함되어 있다고 한다.

"요즘 당신 주위에서 일어난 행운을 말해주세요."

조직을 이끌어가는 사람들은 직원의 업무 기술이나 실적도 중요하게 생각하지만 이 사람이 얼마나 행운을 가지고 오는가도 중요하게 생각한다. 여기서 행운은 점성술에 나오는 영적인 것을 말하는 것은 아니다.

스포츠의 프로 감독이 '무언가'를 가지고 있는 선수를 스카우트하고 싶어하듯 경영자나 관리자도 '무언가'를 지닌 사람과 함께 일하고 싶어한다.

도대체 그 '무언가'가 무엇일까?

'앞으로 행운을 가져다줄 것 같은 분위기'다. 그것은 긍정적인 자세, 해맑은 웃음, 성장하는 기세에서 나올 것이다. 이런 사람은 실제로 조직에 행운을 가져다줄 가능성이 크다.

사실 행운에 관해 묻는 면접도 그 사람이 정말로 행운이 있는지 없는지 파악하기 위한 것이 아니다. 행운을 가져다줄 것 같은 분위기를 지닌 사람을 찾고 싶은 것이다.

그렇다고 선천적인 '행운아'가 있는 것은 아니다. 스스로 자신을 행운아라고 생각하는 사람이라면 충분히 행운아가 될 자격이 있다.

회사 직원 중에 시도 때도 없이 "좋은 뉴스가 있습니다!"라고 말하는 사람이 있다. 듣고 보면 특별히 좋은 뉴스도 아닌데 그는 좋은 의미로 받아들이고 기쁜 듯이 이야기한다. 이런 사람이야말로 진정 행운을 가져다줄 것 같은 분위기를 가진 사람이다. 그것이 언제가 될지 모르지만 난 믿는다, 그가 행운을 가져다줄 것을.

44

상사나 직장에 대한 불평은,
당신을 해치는 암 덩어리다

사람은 인생의 80퍼센트를 일하며 지낸다. 그렇기 때문에 일은 반드시 즐거워야 한다. 일이 즐겁지 않으면 인생 그 자체가 시들하다. 왜냐하면 인생의 80퍼센트를 일하면서 보내야 하기 때문이다.

그렇다고 팔짱만 끼고 앉아 있으면 회사가, 일이 즐거울까? 콧노래가 절로 나올까?

그래서 많은 사람들이 꿈을 지녀야 한다, 목표를 가져야 한다고 말하곤 한다. 그것이라도 없으면 일 자체를 즐길 수 없기 때문이다. 하지만 이것은 이상일 뿐이다. 이 말을 현실에 적용하기 위해서는 현실적인 방법이 필요하다.

그중 가장 좋은 방법은 불평을 하지 않는 것이다. 특히 상사나 직장에 대한 불평은 될수록 삼가야 한다. 사람 심리가 어떤 일에 불만을 갖게 되면 그 일이 싫어지고 벗어나고 싶어진다. 의욕은 말할 것도 없다. 싫은 일을 하는데 어떻게 의욕이 생기겠는가?

특히 불만의 대상이 상사일 경우 정도가 더 심하게 된다. 요즘 젊은이들이 애써 들어간 회사를 퇴사하는 이유가 상사와의 충돌 때문인 경우가 많다. 상호간의 교류가 적어지면서 관계가 서먹해지면 주고받던 일도 뜸해진다. 이것이 계속 반복되면 실적은 물론 껄끄러운 관계로 인해 스트레스가 심해진다.

이런 경우 서로에게 각자의 입장이 있기 때문에 어느 쪽이 잘못되었는지 정확하게 말하기는 어렵다. 그렇다 하더라도 회사 직원이라면 많든 적든 조직이나 선배가 쌓아온 실적에 은혜를 입고 있다는 사실을 잊어서는 안 된다. 당신이 쓰고 있는 책상도, 당신이 작성하고 있는 서류도, 당신의 선배들이 만들어놓은 것이다. 그들이 이루어놓은 것이 있기 때문에 당신이 편하게 업무를 볼 수 있는 것이다.

물론 어느 조직이든 불평이 생기지 않을 수 없다. 그렇다면 그런 상황을 개선해나가면 어떨까? 불평만 하지 말고 개선해가는 쪽으로 문제를 해결하면 이전보다 더 나은 환경에서 일할 수 있을 것이다. 이것 또한 당신의 업무다. 수수방관만 하고 있다가 회사가 망해버리면 결국 그 피해는 고스란히 당신이 입게 된다.

불평은 상처와도 같다. 가만히 두면 점점 확대되고 곪아간다. 설사 낫는다고 해도 상처 자국은 남는다. 회사에서 없어서는 안 되는 일원으로 일을 해나가고 싶다면 불평만을 일삼는 사람이 되지 말아야 한다. 회사에서 즐겁게 일하고 싶다면 이런 사람이 되어라. 충분히 효과가 있을 것이다.

한 강연에서 이런 이야기를 했더니 가벼운 야유가 일었다. 그리고 한 분이 "퇴근한 뒤에라도 불평할 수 있게 해주세요!"라고 소리쳤다. 회사원에게 불평이 없을 수는 없을 것이다. 나도 잘 안다. 하지만 불평은 당신을 갉아먹는 암 덩어리라고 생각하라. 당신의 건강을 해치는 암 덩어리라고. 실제로 아무 개선책 없이 늘어놓기만 하는 불평은 암과 같다. 당신이 나아가는 길에 아무런 도움이 되지 않는다.

그리고 아는가? 불평을 일삼는 사람은 그렇지 않은 사람들 사이에서 제일 먼저 티가 난다는 것을. 당신의 상사는 알고 있다, 당신의 불평을. 당신의 상사는 고민하고 있다, 당신의 자리를.

45

공과 사를 혼동하라,
아이디어가 샘솟을 것이다

얄궂게도 아이디어는 컴퓨터 앞에 앉아 있으면 좀처럼 나오지 않는다. 그리고 야속하게도 업무 시간에도 반짝하며 나오지 않는다. 꼭 집에서 편히 쉴 때나 친구들과 즐거운 시간을 보내고 있을 때, 휴일에 전철이나 차를 타고 갈 때나 일요일에 쇼핑할 때 반짝하고 얼굴을 들이민다.

그래서 나는 근무 시간을 확실히 구분하는 것에 반대한다. 언제 어디서나 반짝하는 아이디어를 받아들일 수 있는 상태로 있어야 하기 때문이다. 당신의 아이디어가 빛을 발하기 위해서는 휴식을 취할 때도 머리는 업무 모드로 전환되어 있어야 한다.

가령 한창 준비하는 기획에 관한 힌트가 휴일 오후 어느 거리에서 떠올라도 근무 시간이 아니니 내일 다시 생각하자며 그냥 넘어가버리기 일쑤다. 이것이 사람의 심리다.

그렇다고 평일 저녁이든 주말이든 가리지 않고 스물네 시간 일에 매달리라는 말은 아니다. 일에 대한 관심을 전기 스위치를 내리듯 완전히 꺼놓지 말고 볼륨 조절기처럼 조금 낮추라는 의미다.

평일 저녁과 주말은 쉬어야 한다. 우리가 로봇도 아닌데 어떻게 일만 하고 있겠는가? 그러다 아이디어고 뭐고 당신이 먼저 지쳐 쓰러진다. 다만 휴식 중이더라도 두뇌 회로를 일과 완전히 끊지는 말자는 것이다.

'이것은 그 프로젝트에 쓸 수 있겠는데.'

'이 패키지 상품은 다음 기획의 힌트가 될 수 있겠는데.'

이런 생각이 든다면 멈추어 서서 메모를 하거나 휴대전화로 사진을 찍자. 시선이 가는 가게나 행사가 있으면 귀찮아하지 말고 가보자. 이런 행동을 많이 하는 사람일수록 아이디어가 많다.

좋은 의미에서 공과 사를 혼동해보자는 것이다. 나는 이십 대 후반부터 수첩을 들고 다니며 아이디어를 메모했다. 지금은 그 수첩이 헤아릴 수 없을 만큼 많아졌다.

선천적으로 아이디어가 많은 사람은 없다고 생각한다. 얼마나 노력하고 아이디어를 받아들이느냐가 관건이다. 많은 아이디어를 메모하고 모아두었다가 필요할 때 살짝 꺼내면 된다.

참고로 샤워할 때도 아이디어가 곧잘 떠오른다. 그럴 때 잠시 샤워를 중단하고 메모를 하자. 나중에 기억할 수 있을 거라고 생각하지만 내 경험상 절대 기억나지 않는다.

46

당신을 만난 사람은
당신을 통해 회사의 이미지를 기억한다

요즘 일상생활과 회사생활 사이에서 균형을 잡지 못해 고민하는 스물아홉 살 젊은이가 많다. 그래서 그런 그들을 위로하는 책이 많이 출간된다.

'당신은 당신의 모습으로 있는 것이 좋다'라는 말을 늘어놓는 책이 있는가 하면 '모든 일에서 회사를 우선시하라'고 충고하는 책도 있다.

어찌 보면 이렇게 일상생활과 회사생활에 대해 충고하는 책들이 많이 나오는 것은 당연하다. 그만큼 일상생활과 회사생활의 균형을 찾기가 어렵기 때문이다. 하지만 당신이 잊지 말아야 할 것은 당신은 오늘도 '회사의 브랜드를 짊어지고 가는 사람'이라는 사실이다. 단순히 고객을 만날 때뿐만 아니라 전철에서 책을 읽을 때도 당신은 회사를 대표하는 사람이다.

'우리 회사는 브랜드 같은 것이 없다.'

이렇게 생각하는 사람도 있을 것이다. 하지만 브랜드는 달리 말하면 '기억'이라고 할 수 있다. 당신과 만난 사람은 당신을 통해 당신 회사의 이미지를 기억한다. 이것이 바로 당신 회사의 브랜드다. 즉 당신은 회사의 브랜드를 만드는 당사자인 것이다.

이번에는 반대로 생각해보자.

내가 브랜드 전략의 전문가이기 때문에 이런 점에 매우 엄격한 편이라서 그런지는 몰라도, 큰 기업의 직원이 회사의 이미지와 모순된 말과 행동을 할 때면 나는 그 회사의 제품을 사용하지 않으려고 한다. 단 한 직원의 잘못된 행동으로 고객이 그 회사를 외면하게 되는 것이다.

이전에 내가 근무했던 혼다에는 회사원들 양복 깃에 다는 회사 기장이 없었다. 혼다 소이치로本田宗一郎가 자신의 직원들이 '회사 밖에서 부끄러운 행동을 할 우려가 있으니 굳이 혼다 직원이란 점을 알릴 필요가 없다'고 생각했기 때문이다. 회사 직원의 작은 행동 하나하나가 이미지라고 생각했기 때문에 이런 발상이 나온 것이다.

당신은 회사의 브랜드를 책임지고 있으며, 당신의 업무는 회사의 팬을 만들어가는 것이다. 이런 의식을 가지고 생활하는 사람을 만나면 난 그 회사를 다시 한 번 우러러보게 된다. 분명히 그 회사의 상사나 경영자도 그런 사람일 테니까 말이다. 아래는 위에서 내려오는 물로 채워진다.

47

비즈니스의 핵심은
프레젠테이션의 능력에 있다

골프 스코어를 향상시키기 위해서는 드라이버 샷을 열심히 연습해야 한다. 하지만 그것보다 더 중요한 것은 퍼터 샷이다. 퍼터 샷 기술을 갈고닦는 것이 더 높은 스코어를 내는 지름길이 될 것이다.

이런 발상을 일에 접목시켜보자. 일의 효율을 높이는 데 있어 가장 먼저 떠오르는 단어는 무엇일까? 대부분의 사람들이 '속도'를 생각한다.

하지만 비즈니스의 성격을 자세히 생각해보기 바란다. 비즈니스는 커뮤니케이션의 활동이라고 해도 과언이 아니다. 고객과 직원 그리고 협력 회사 또는 사회나 지역 등에 무언가를 전달하는 행위다. 비즈니스는 건네거나 주거나 하는 전달 행위인 것이다.

그래서 나는 전달 능력을 매우 중요시한다. 이 능력을 갖추고 있으면 한층 더 발전된 사회인이 되어 효율적으로 일할 수 있다.

전달하는 행위 중 최고의 자리에 있는 것이 프레젠테이션이다.

프레젠테이션 능력만 갖추고 있어도 조직에서 인재로서 인정받게 될 것이다.

왜냐고 묻는가? 이유는 간단하다. 프레젠테이션을 잘하는 사람이 드물기 때문이다. 하늘은 공평하게도 일을 잘하는 사람에게 프레젠테이션 능력까지는 부여하지 않는다. 물론 그런 사람들도 있지만 그런 사람은 여기서 예외로 치자.

고소득을 올리는 사람을 대상으로 한 조사에서도 '사회인이 되기 위해서 갈고닦아야 할 능력은 바로 커뮤니케이션'이라는 항목이 1위를 차지했다. 당신 지금, 프레젠테이션의 능력자가 되고 싶은가? 그런 생각이 들었다면 우선 환영회나 송별회를 연습 장소로 활용해보자. 프레젠테이션을 잘하려면 경청하는 사람의 마음을 뒤흔드는 말을 할 수 있어야 한다.

나는 주위 사람들에게 항상 "나의 프레젠테이션 능력은 선술집 한 모퉁이에서 길러졌다"라고 말하곤 한다. 때론 경청하는 사람이 한 사람이 될 수도 있고, 두 사람이 될 수도 있다. 아니면 열 명이 넘을 수도 있다. 그들 마음을 사로잡을 수 있는 능력을 키워라.

어느 프로축구 선수는 "좀 더 잘하고 싶다. 그리고 난 잘할 수 있을 것이라고 생각한다"라고 말하곤 한다. 아무리 나이를 먹어도 이렇게 말하는 사람은 멋있다. 앞으로 잘할 거라고 생각하면 잘할 수 있다.

48

지금의 자리가 위태롭다면,
당신이 왜 회사에 뽑혔는지 생각하라

"**방황이** 끝나면 한 단계 더 성숙한다."

"일에 몰두하면 인생이 즐거워진다."

내가 즐겨 하는 말이다. 자신의 사명이나 역할을 깨달은 사람은 행복하다. 그리고 자신의 재능이나 능력을 아낌없이 활용할 수 있는 사람은 더욱 행복하다.

하지만 이들이 죽을 때까지 그런 상태로 사회생활을 할 수 있을까? 그건 그렇지 않다. 정점에 이르면 사람은 문득 멈추어 서게 되고 방황한다. 흔히 하는 말로 슬럼프에 빠지는 것이다.

삶의 질은 점점 높아가지만 사람의 능력이 점점 높아지는 것은 아니다. 일직선으로 상승하는 사람은 이 세상에 없다. 주식 그래프처럼 짧게 상승과 하락을 반복하지만 긴 시간 바라보았을 때 상승 곡선을 타는 것이다. 이것이 삶이 상승해가는 곡선이다. 그 안에는 수많은 상승과 하락이 있다.

대부분의 사람은 어느 순간이 되면 방황하거나 발이 묶여 앞으로 나아가지 못한다. 이럴 때, 기본이나 원점 또는 본질을 생각해야 한다. 프로야구 선수가 슬럼프에 빠질수록 더 열심히 스윙 연습을 하는 것처럼 우리도 그럴 때일수록 기본에 충실하며 자신의 능력을 다져야 한다.

또는 '내가 왜 이 회사에 뽑혔을까?' 라고 생각해도 좋다. 거기서부터 출발하여 수많은 갈등과 해결 그리고 도움과 기회를 준 사람들을 생각해보자. 그 안에 자신이 잊고 살았던 무언가가 있는지도 고민해보자.

이렇게 함으로써 다시 한 번 자신의 위치를 잡는 것이다. 회사 내에서의 자신의 위치를 객관적이고 냉정하게 살펴보아야 한다. 그리고 자신의 원래 역할과 지금 회사에서 요구하는 역할을 점검하는 것도 중요하다. 만약 잘못되었다면 즉시 바로잡아야 한다. 삶에서 방황은 자신의 위치를 잘못 잡았을 때 겪게 되는 경우가 적지 않다.

연예인은 현장에서 살아남기 위해 끊임없이 자신의 위치를 수정한다. 그리고 발 빠르게 변신한다. 그러기 위해서는 많은 노력이 필요하다. 우리도 연예인과 다르지 않다. 당신의 존재 가치는 당신의 위치 잡기에 달려 있다.

49

나무만 보는 사원은 되지 마라,
숲을 볼 줄 아는 사원이 되어라

어떤 회계사가 나에게 이렇게 물었다.

"성장하는 회사의 공통점이 무엇인지 아십니까?"

나는 "비전이 아닐까요?"라고 답했다. 그는 내 말에 고개를 가로저으며 이렇게 말했다.

"매달 1일이 되면 지난달의 실적을 알려달라고 연락해오는 것입니다."

일반 회사든 NPO민간 비영리단체이든 일을 하고 있는 이상 수치와 관계를 맺을 수밖에 없다. 그러나 회사의 수치에 강하게 관심을 갖는 사람은 드물다. 소매점의 경우 일을 마치고 나면 그날 하루의 정확한 매출 실적을 점검한다. 그 매출로 다음 날 판매 지표를 만들고, 그 지표를 달성하기 위해 노력하는 것이다.

나무만 보고 일하는 사람과 숲을 보고 일하는 사람이 있다. 평소에는 별 차이가 없겠지만 장기간 지나고 보면 이 두 사람의 차이는 극명하게 나타난다. 일을 통해 느끼는 재미나 이해의 깊이가 다르고, 실적에서도 큰 차이를 보인다.

한 달 매출의 수치를 알고자 하는 것은 나무만 보면서 일하는 것이 아니라 숲을 보고 일하는 것과 같다. 특히 다른 부서의 업무나 다른 사업의 수치에 관심을 갖는 것도 중요하다. 그리고 그것이 자신의 업무와 어떻게 연결되어 있는지 확인해보아야 한다. 이는 당신과 당신 회사를 위해 상당히 중요하니 그냥 지나치려고 하지 마라. 어떤 일이든 별개의 것은 없다. 무엇과 무엇이 연결되어 있고, 무엇에 의해 무엇이 영향을 받는다.

나는 고객의 회사 직원을 대상으로 조사를 한 적이 있다. 자신이 몸담고 있는 회사의 역사나 각 사업의 업무 내용 또는 다른 부서가 취급하는 상품이나 서비스 내용을 얼마나 알고 있는지 알기 위해 시험을 치른 것이다.

결론은 그다지 관심이 없다는 것으로 나왔다. 하지만 그중에는 꽤 높은 점수를 받은 사람이 있는데 그 사람은 평소 회사 전체를 잘 파악하고 있는 직원이었다. 그리고 업무 실적도 굉장히 좋았다.

당신의 업무만을 파고들지 마라. 당신 업무 외의 분야에 관심을 돌리면 당신의 능력은 몇 배 상승될 것이다.

50

사랑을 받으면 돌려주고 싶은 법,
먼저 사랑하라

나는 브랜드 전략가이긴 하지만 컨설팅을 할 때는 다양한 분야에서 일하기 좋아한다. 그렇게 일하는 나를 두고 사람들은 "어떻게 잘 알지도 못하는 분야에 대한 일을 할 수 있지?"라며 고개를 갸웃거린다. 어느 CEO는 "나는 이 길만 30년을 걸어왔네. 이 바닥을 잘 모르는 새파란 젊은이가 무엇을 가르쳐준단 말인가"라고 말한 적도 있다.

다양한 분야에서 일하게 되면 나보다 경험이 풍부한 직원이 즐비하기 마련이다. 산전수전 다 겪은 사람들과 일하려면 왠지 악전고투하는 모습이 그려질 것이다. 그런 일이 전혀 없다고는 말할 수 없을 것이다. 하지만 대개 그들은 내가 회사의 고객을 누구보다도 잘 파악하고 있다는 점을 인정한다. 고객의 이름 등을 전부 기억할 수는 없지만 그 회사의 상품이나 서비스가 어떻게 사용되고 어떻게 받아들여지는지 잘 파악하고 있다. 그리고 고객 입장에서 이 상품과 서비스가 다른 것과 어떻게 다른지 생각한다. 왜 구매를 하게 되었는지, 구매하면 어떻게 사용하고 처분하는지, 이 상품을 구매하는 고객 군단이 어떤 성향을 가지고 있는지 등을 파악한다. 언뜻 보면 불가능해 보이는 부분까지 파악하려고 노력한다. 그래야만 내가 잘 모르는 분야에 가서 일을 할 수 있기 때문이다.

'고객 제일주의'를 강조하는 회사는 헤아릴 수 없이 많다. 하지만 자사의 상품을 구매하는 고객이 어떤 사람들인지, 어떤 성향을 가지고 있는지 분석하는 회사는 그다지 많지 않다.

나는 기업 강연을 할 때 고객 마니아가 되어야 한다고 강조한다. 즉 고객 이상으로 고객에 대해 상세하게 알고자 하는 자세를 가져야 한다는 말이다. 매우 힘들어 보이는가? 고객을 좋아한다면 결코 힘든 일이 아니다. 누구라도 할 수 있다.

너무 고객만 좇는다고 회사나 상사가 싫어할까? 아니다. 소비자와 직접 마주하는 직원이라면 고객에게 기쁨을 줄 것이고, 그 기쁨은 회사로 되돌아오기 때문에 싫어할 회사나 상사는 없다. 오히려 반길 것이다.

고객과 연애하듯 고객을 좋아하라. 상대를 먼저 좋아하거나 상대에게 흥미를 가지게 되면 대부분 사랑의 결실을 맺는다. 사람에게는 사랑을 받으면 사랑을 돌려주려는 습성이 있는 법이니까 말이다.

6장

29살,
당신은 시간을 잘 활용하는가?

29살,
당신 인생의 분발 시간이다

브래지어로 유명한 회사 트라이엄프에는 '분발 시간'이란 독특한 근무 시간이 있다. 매일 12시 30분부터 14시 30분까지 실시되는데 이때는 함부로 돌아다녀도 안 되고 전화는 물론 복사도 할 수 없다. 전 직원이 대상이기 때문에 상사는 부하에게 일을 지시할 수 없으며 부하는 상사에게 상담을 청할 수 없다. 말 그대로 이 시간에는 열심히 분발해 일만 해야 한다. 트라이엄프의 대표적인 상품인 '천사의 브라'도 실제 이 시간에 탄생했으며, 이 특이한 제도는 종종 언론에 소개되기도 했다.

인생에서도 이 같은 시간이 필요하다. 훗날 긴 삶을 돌이켜보았을 때 무아지경으로 일에 몰두하고 자신을 크게 성장시켰다고 평가할 수 있는 시간을 가져야 한다. 물론 지금 충분히 열심히 살아가고 있다고 자부하는 사람도 있을 것이다. 하지만 곰곰이 자신의 생활을 돌이켜보아라. 진정으로 일에만 몰두하고 분발하고 있는지.

나는 매년 시민 마라토너로 다양한 마라톤 대회에 참가하고 있다. 그때마다 느끼는 것이 있다. 뛸 때는 전력을 다해 달렸지만 골인 한 뒤 '그때 그 지점에서 좀 더 힘을 낼걸……' '왜 좀 더 열심히 뛰지 못했을까?'라고 후회하곤 한다.

마라톤 대회는 다음에 출전하면 그만이지만 인생은 다시 출전할 수 없다. 한 번 뛰고 나면 돌이킬 수 없는 인생인 것이다. 후회하지 않는 삶을 살기 위해서는 '스물아홉 살' 전후를 잘 활용해야 한다. 이 시기가 바로 분발해야 할 때이기 때문이다.

스물아홉 살은 일반적으로 오전 9시 30분에서 10시 사이에 해당된다. 이때 사람은 몸과 마음이 가장 상쾌하다. 이 시간대에 힘을 내어 일하면 점심을 먹고 난 뒤의 늦은 오후에는 힘들이지 않고 여유롭게 인생을 즐길 수 있다. 그리고 그날 밤 '아주 기분 좋은 날이었어' 하며 편안하게 잠자리에 들 수 있다.

스물아홉 살의 당신, 더 분발할 수 있는 힘이 있는가? 없다면 지금 당장 만들어라, 아니면 쥐어짜기라도 해라.

52

쓸데없는 기 싸움은 금물,
시간을 능숙하게 활용하라

'Killing one's time'이라는 문장을 해석해보자. 직역하면 '시간을 죽이다'라는 표현이 된다. 의역하면 '시간을 보내다'라고 바꾸어 쓸 수 있다.

왜 영어는 시간을 보낸다는 의미로 'killing'이라는 단어를 쓰는 것일까? 시간의 소중함을 역설적으로 강조하기 위해 이 단어를 쓴 것이다. 동서양을 불문하고 시간을 소중히 여기는 태도에는 다름이 없다.

요즘 젊은이들에게는 이 황금 같은 시간을 낭비하면 안 된다는 의식이 팽배하다. 효율적인 시간 배분에 관한 책이나 강연을 찾는 젊은이들이 많은 것은 이 때문이다.

나 역시 다를 바가 없다. 조금이라도 시간을 유용하게 쓰기 위해 지금까지 온갖 시도를 해왔다. 그러나 이것은 결코 쉬운 일이 아니다. '정답'도 없고, '끝'도 없기 때문이다. 지금에서야 잠정적인 결론을 내리기는 했다.

'평생 걸려 능숙해져가는 것!'

일전에 외국에 출장을 갔을 때, 시간을 낭비하지 않기 위해 아주 단순한 원칙을 사용했다. 별것 아니다. 필요 없는, 서로 기를 빼는 다툼은 피하자는 것이다.

내전이나 지역 분쟁에 시달리는 국가는 다른 나라에 비해 발전이 더디다. 왜냐고? 당연하지 않겠는가. 그들의 값진 시간이나 에너지가 경제나 문화와는 상관없는 전쟁에 쓰이고 있으니까 말이다.

이 상황을 사람에게 적용해보자. 항상 갈등을 일삼는 사람이 있다. 일할 때나 개인적으로 다툼을 벌이지 않는 적이 없는 사람이다. 차분하게 행동하거나 상황을 너그럽게 받아들이면 충분히 피해갈 수 있는 일인데 작은 것 하나까지 갈등을 일으키며 신경전을 벌인다.

그것에 신경 쓸 에너지를 자신을 계발하는 데 쓰면 더 나은 자신을 만들 수 있을 텐데 꼭 불필요한 일에 신경을 쓰면서 힘을 낭비한다. 잦은 내전으로 가난에 허덕이고 그것을 해결하지 못해 다른 나라에 손을 벌리는 나라와 다를 바가 없다.

당신의 시간을 소중히 하고 싶다면 쓸모없는 다툼을 삼가야 한다. 그렇다고 사람이 살아가는 데 다툼이 없을 수는 없다. 그것 또한 자신을 발전시키는 계기가 될 수 있다.

다만 누구에게도 득이 되지 않는 대립은 피하는 것이 좋다. 그러기 위해서는 먼저 양보하는 게 슬기롭다. 그건 결코 패배가 아니다. 그릇이 큰 것이다.

Make team. Not war!

다투지 말고 협력하라!

53

당신이 하고 싶은 일,
72시간 안에 도전하라

이십 대 초반, 나는 어느 경영자에게 이런 질문을 한 적이 있다.

"꿈을 이루기 위해서는 어떻게 해야 할까요?"

누군가를 만나면 으레 하는 질문이었기 때문에 특별한 대답이 돌아오리라고는 기대하지 않았다. 꿈을 포기하지 말라거나 잃지 말라는 판에 박힌 말이 나올 것이라고 생각했다. 하지만 내 예상은 빗나갔다. 그분은 이렇게 말했다.

"그날 일은 그날에 끝마쳐야 합니다. 그래야 자신이 원하는 꿈에 다가갈 수 있습니다."

그분의 이 말은 나의 인생에 큰 영향을 미쳤다. 나와 마찬가지로 지금 스물아홉 살이거나 되기 전인 젊은이들에게도 큰 영향을 미칠 것이다.

그날 일은 그날에 끝마치자. 이것은 꽤나 쉬운 듯하지만 실천하기가 정말 어려운 일이다. 하지만 위대한 꿈을 이루기 위해서는 오늘 할 일을 오늘 안에 끝내지 않으면 안 된다. 아무리 멋진 꿈도 하루하루 마음을 공글리고 노력하지 않으면 달성할 수 없다.

그날 일을 그날에 끝마치는 데 꼭 필요한 팁이 있다. 필자의 다른 책에서도 소개한 '72시간 원칙'이 바로 그것이다. 무엇인가 해보고자 하는 것이 있다면 아무 생각 없이 3일, 72시간 이내에 시작해보는 것이다. 등산을 하고 싶으면 72시간 이내에 산에 올라가고, 바다에 가고 싶으면 72시간에 바다에 가보자.

이런 작은 행동들이 실제 꿈을 이루어주는 매개체가 된다. 작은 한 걸음일지라도 얼마나 빨리 내딛느냐에 따라 목표 도달에 큰 영향을 미친다. 이는 내 경험에서 얻은 지혜이기도 하다.

다만 아쉬운 것은 수년 전에 계획한 '아일랜드에 가기'를 실행에 옮기지 못한 점이다. 이것은 내가 그 일을 이루기 위해 72시간 이내에 한 걸음 내딛기를 하지 않은 결과다.

54

1년을 넷으로 나누어라,
그러면 3개월을 1년처럼 살 수 있다

예전 〈버킷 리스트〉라는 영화가 개봉된 적이 있었다. 영화 이야기는 아주 간단하다. 얼마 남지 않은 삶을 사는 두 중년의 사내가 죽기 전에 꼭 하고 싶었던 일들을 적어 그것을 실행에 옮기는 내용이다. 나도 그 리스트를 적어본 적이 있다. 나는 아직 젊기 때문에 이름을 '소망 목록'이라고 지었다.

그 목록에는 아이히메愛媛의 할머니 산소에 성묘 가기, 보디빌더 대회에 나가기 등 희한한 소망들이 적혀 있다. 순서가 정해져 있는 것도 아니다. 그냥 내가 하고 싶은 일들을 적은 목록이다.

가끔 전철이나 차 속에서 소망 목록을 들여다보면서 '이건 지난달에 했으니 종료……' 하며 지우는데 그때 느끼는 성취감이나 기쁨은 그 무엇과도 바꿀 수 없다.

이를 바꾸어서 생각하면 하고 싶은 일을 적어놓았는데 이루지 못하면 그 소망 목록 자체가 스트레스가 될 수 있다. 사실 나도 삼십 대를 눈앞에 두었을 무렵 소망 목록에 실행하지 못한 일이나 다음 연도로 넘긴 일이 쌓이면 적지 않게 신경이 쓰였다. 나도 나이를 먹었으니 이 정도는 넘어가볼까, 하는 마음이 들었지만 그런 마음이 나를 더 나태하게 만들 것이라는 것을 잘 알기 때문에 그 싹을 잘라버렸다.

그래서 생각해낸 것이 1년을 넷으로 나누고, 3개월을 1년처럼 살아보는 것이었다. 그렇게 하면 올해 안에 끝내야 할 일들을 연말 이외에도 네 번이나 더 시도할 수 있다는 장점이 있다. 나는 이런 시도를 통해 집중력도 향상시키고 소망 목록을 실천하는 데도 큰 도움을 받았다.

시간은 화살과도 같아 순간순간 흔적도 없이 날아간다. 인생을 효율적으로 관리하는 데 이보다 더 나은 방법도 없다.

IT 산업 기술이 놀라운 속도로 급변하는 상황을 표현하는 도그 이어dog year라는 말이 무색할 정도로 모든 면에서 빠르게 돌아가는 세상이다. 아마도 3개월을 1년처럼 활용하면서 살아가는 것이 이 시대에 맞는 사고가 아닐까?

55

생활의 변화,
그것은 또 다른 **자기계발의 연장**이다

누구나 잘 알고 있는 서머타임, 난 이 제도를 좋아한다. 하지만 전력 소비를 줄이기 위해 여름철에 한 시간 앞당기는, 미국에서 실행하는 서머타임과는 다르다. 나는 그저 여름을 충분히 즐기자는 점에서 의견을 같이할 뿐이다.

햇볕이 쨍쨍한 한여름, 난 근무 시간을 바꾼다. 평소에는 9시 30분부터 일을 시작하지만 이 시기에는 아침 7시부터 업무를 시작하고, 오후 4시에 끝낸다. 특별한 일이 없는 한 전 직원이 칼퇴근을 하고, 여름이 아니면 좀처럼 즐길 수 없는 스포츠나 레저를 즐기곤 한다.

예전에 다닌 회사에서는 '근무 시간 자유 선택제'를 시도했다. 그것에 맞추어 나도 어떤 달은 10시에서 7시까지 일하고 어떤 달은 1시에 출근해서 10시까지 일했다. 365일 매일 9시에 출근해서 6시에 퇴근하는 것이 아니라 때때로 생활의 리듬에 변화를 주어,

새로운 활력을 되찾곤 했다.

　사소한 변화로 생활에 리듬을 주면 이전과는 색다른 관계로 사회와 만날 수 있다. 지금까지 알지 못했던 생활을 발견하거나 관점의 변화를 유도할 수 있고 뜻하지 않은 만남이 생긴다.

　난 이 기간을 이용해 그동안 시간적인 여유가 없어 배우지 못했던 한 분야를 집중적으로 배운다. 후에 그것을 업무에 적용해보면 작업 성과가 달라진다.

　하늘을 나는 새도 떨어뜨린다는 한국의 기업 삼성은 아침 7시에 출근해 오후 4시에 업무를 끝내는 시스템을 적용하고 있다. 삼성이 놀라운 성과를 보이는 이유 중 하나가 직원들에게 자기계발의 시간을 충분히 주는 데 있지 않나 싶다.

56

온전한 당신만의 시간을 만들어라,
단, 시기와 장소는 일정해야 한다

나는 브랜드 전략 전문가다. 그래서 많은 사람들로부터 자신의 브랜드를 구축하고 싶다는 상담을 받는다. 종신고용이란 말이 과거의 유물이 되어버린 지금은 조직의 시대가 아니라 개인의 시대다. 이러한 시대에 맞추기 위해서는 자신의 경력을 쌓기 위해 자신의 브랜드화에 관심을 기울여야 한다. 자신을 브랜드화 하다니, 매우 거창하게 들리겠지만 어려운 일은 아니다. 자신을 선보이는 방법이나 포지셔닝 <small>시장에서 브랜드나 기업의 위치를 명확하게 하는 작업 및 전략</small>을 갈고닦으면 된다.

당신을 브랜드화 하는 방법에 대해서는 10장에서 자세하게 설명할 것이다. 다만 이 장에서 당부하고 싶은 것은 자신에 대해 생각하는 시간을 가지라는 것이다. 이것은 자신의 브랜드를 구축하기 위해 빼놓을 수 없는 부분이다.

스물아홉 살은 시간에 쫓겨 사는 나이다. 바쁜 사회생활을 해나가다 보면 자신에 대해 생각할 수 있는 시간이 거의 없다. 지금 당신의 삶을 돌아보라. 온전히 자신만을 위해 시간을 투자하고 있는가? 자신에 대해 진지하게 탐구하는 시간을 가지고 있는가?

아마도 많은 젊은이들이 그런 시간을 가지지 못할 것이다. 나는 그런 사람들에게 매년 정해진 시기에 정해진 곳에서 자신만의 시간을 가지라고 권한다.

굳이 해외여행을 가지 않아도 된다. 다만 혼자서 조용히 생각해 볼 수 있는 곳이면 된다. 친구들과 함께 있어서도 안 된다. 그것은 즐기기 위한 시간밖에 되지 않는다. 회사일이 쌓여 있다고 가지고 가서도 안 된다. 오로지 자신에 대해서만 생각하는 시간을 가져야 한다. 무엇을 생각하느냐는 나중 문제다. 혼자 있으면 자연스럽게 떠오르게 될 것이다.

가능한 한 삶의 전환이 되는 곳이나 인연이 있는 곳에 갔으면 한다. 정해진 장소라면 매년 나이가 들수록 사물을 달리 보는 관점이 생길 것이다. 이것이 당신이 성장하는 길이다.

매년 정해진 시기에 정해진 장소에 간다는 것은 꽤나 어려운 선택일 수 있다. 하지만 자신을 성장시키고 싶다면 이 부분을 절대로 놓쳐서는 안 된다.

57

당신만의
시간에 대한 원칙을 세워라

어느 날 세미나에서 '시간에 대한 원칙'을 주제로 토론을 한 적이 있다. 패널들은 각자 자신이 생각하는 시간에 대한 원칙들을 제시했다. 매우 활기에 가득 찬 토론이었다. 어찌 보면 소란스럽 기까지 했다.

여기저기서 "그게 정말이에요?" "저도 그 방법을 활용해봐야겠 네요!"라는 말이 쏟아져 나왔다. 사회인으로서 살아가다 보면 누구나 시간에 대한 원칙을 마련할 것이라는 예상이 잘 들어맞은 것이다.

그렇다면 당신은 어떤가? 원칙이 있는가? 아무리 사소한 것이라도 상관없다.

예를 들어, 술자리에는 반드시 1차만 참석한다는 원칙은 시간에 대한 훌륭한 원칙이다. 이것만 지켜도 새벽까지 고주망태가 되어 돌아다니는 일은 적어질 테니 말이다.

시간을 정해놓고 미팅을 하거나 오디오북을 들으며 조깅을 하거나 TV를 보면서 복근 운동을 하는 것도 좋다. 회식을 저녁이 아니라 점심에 하는 것도 괜찮은 방법이다. 이런 원칙만 잘 지켜도 1년 기준으로 볼 때 상당한 시간을 아낄 수 있다.

'카운트다운 원칙'도 흥미롭다. 한 연예인은 사람이 평생 먹을 수 있는 끼니를 계산해 식사 때마다 그 수를 체크한다고 한다. 독특한 행동일 수 있지만 한 끼의 식사도 낭비하고 싶지 않다는 강한 의지인 셈이다.

어느 경영자는 자신이 은퇴하는 날을 구체적으로 몇 월 몇 일까지 정했다고 한다. 회의가 명확하게 결정 내려지지 못하고 겉돌기만 하면 "내가 일할 수 있는 시간은 앞으로 675일과 네 시간 정도밖에 없다네. 확실하게 의사를 제시했으면 하네"라고 말한다고 한다. 이것도 카운트다운의 원칙이다.

어떤 일이라도 상관없다. 이 기회에 시간 사용법에 대한 자신만의 원칙을 세우자. 그것이 당신이 성공하는 밑거름이 될 것이다.

58

시간을 **정복할 것**인가,
시간에 **정복당할 것**인가,
선택은 **당신 몫**이다

세계적으로 유명한 황허 강을 바라보고 있자면 워낙 광대하기 때문에 어디서부터 시작해 어느 쪽으로 흘러가고 있는지 가늠하지 못한다. 하지만 분명 그 강에도 확실한 흐름이 있을 것이다. 몸을 맡기면 어디론가 떠내려가니 말이다.

아무리 자신의 의지대로 살아가겠다고 다짐해도 자신도 모르게 커다란 사회의 흐름에 휩쓸려 가기 마련이다. 실제 이런 상태에 있는 사회인이 수두룩하다.

시간도 이와 같다. 시간의 흐름에 얹혀 아무 생각 없이 떠내려가는 사람들이 많다. 아니 거의 대부분이 그럴 것이다. 당신의 수첩에 적혀 있는 일정을 살펴보라. 장소와 시간이 중심이 된 미팅 일정이 적혀 있을 것이다. 이것이 결코 나쁜 것은 아니지만 조금은 다른 관점에서 생각해보자.

바쁜 사람들은 대개 두 가지 유형으로 분류된다. 하나는 자신을 위한 시간을 확실하게 확보하면서 바쁜 사람이고, 다른 하나는 자신을 위한 시간을 희생하면서 계속 바쁜 사람이다.

똑같은 사회인이면서 왜 이런 차이가 생기는 걸까? 여러 가지 원인이 있겠지만 나는 일정을 적는 방법의 차이에 주목하고 싶다.

전자 쪽에 속하는 사람의 수첩을 보면 미팅의 일정이 적혀 있을 뿐 아니라 자신의 일정도 메모되어 있다. 친구가 술 한잔하자고 유혹해도 자신의 일정이 있기 때문에 확고하게 뿌리치고 자신만을 위해 시간을 투자한다.

하지만 후자 쪽에 속하는 사람의 수첩을 보면 온통 다른 사람과의 약속 일정만 적혀 있다. 스케줄이 없는 부분은 그냥 비워 있는 시간으로 간주하면서 시간을 헛되이 낭비하는 것이다.

다망多忙의 망忙이란 한자를 풀어보면 마음을 잃는다는 뜻이 된다. 바쁘다는 핑계로 자신을 잃어버려서는 안 된다. 바쁠수록 더욱 자신만의 시간을 만들어야 한다. 비워두는 시간이 적을수록 당신은 시간을 소중하게 활용하는 것이다.

59

당신이 변하고자 한다면
여행을 망설이지 마라

안데르센은 "여행은 사람을 겸허하게 만든다"고 했다. 여행은 배움을 갖는 가장 좋은 기회다. 국내든 해외든 상관없다. 어디론가 가서 느끼는 자유는 나를 업그레이드시키는 매개체가 될 수 있다. 아무리 나이를 먹어도 여행을 하면 느끼는 바가 크다. 그리고 생각한다.

'이런 세계가 있구나! 난 아직 멀었구나!'

이 같은 자극은 사람을 겸허하게 만들곤 한다. 내가 여행을 하는 이유도 여기에 있다. 하지만 스물아홉 살이 되면 쉽게 여행을 떠날 수가 없다. 경제적인 것도 문제지만 더 힘든 것은 시간 내기가 힘들어진다는 사실이다.

힘들다는 것은 잘 안다. 하지만 세상의 묘미는 힘든 와중에 자신이 원하는 바를 이룰 때 느낄 수 있는 것이다. 만약 당신이 삼십 대의 삶이 안일하기를 원한다면 지금 사는 방식으로 살아도 좋다.

하지만 당신이 변하고자 한다면 확실하게 자금과 시간을 확보해 여행을 떠나야 한다.

여행은 자유의 상징이다. 가벼운 마음으로 여행하다 보면 자유로운 생각과 행동이 몸에 배고, 이것이 젊음을 유지하는 비결이 될 수 있다.

나는 스물아홉 살 무렵부터 정기적으로 여행을 간다. 주위 사람들이 "바쁘면서도 용케 여행을 다니네"라고 부러워하지만 생각하는 것만큼 어려운 일은 아니다.

매년 여행을 가는 시기와 기간을 미리 정하고, 그 기간에는 절대로 일정을 잡지 않는다는 원칙만 세우면 된다. 지금 내년 수첩을 건네받는다면 갈 곳을 정할 수는 없어도 언제 갈지는 바로 표시할 수 있다.

나처럼 여행을 즐기는 한 친구는 주제를 정해 여행을 한다. 요즘은 '행복'이 주제라고 한다. 그래서 행복지수가 높은 나라들을 둘러보고 있다고 한다. 당신이라면 어떤 주제로 여행을 떠나겠는가?

60
원칙에 얽매이는 것이 아니라
원칙이 있기 때문에
더 자유로워지는 것이다

앞에서 내년 수첩을 받는다면 당장 여행 일정을 표시할 수 있다고 했는데 사실 여행 외의 일정도 80퍼센트 정도 채울 수 있다. 왜냐고 묻는가? 난 기억하기 쉽게 모임 날짜를 정하기 때문이다.

나는 직업상 함께 일하는 작가나 디자이너 또는 일러스트레이터들이 많다. 그들과 매달 만나는 날은 9일이다. 왜 그날에 만나느냐고 묻는가? 별다른 의미는 없다. 다만 크리에이터의 '크'자와 숫자 9의 발음이 같기 때문이다 일본어로 크리에이터는 'クリエイター'이며 9는 'ク'라고 발음한다. 즉 첫 번째 발음이 같다.

그리고 매달 26일은 '온천의 날'이다. 이 모임은 내가 상담했던 온천 여관의 프로젝트 팀이 모이는 날이다. 앞과 마찬가지로 26일이라고 정한 특별한 이유는 없다. 다만 내가 26이란 숫자를 좋아하기 때문이다.

매달 모이는 모임뿐만 아니라 매년 정해진 모임도 있다. 가령 내가 이전에 근무했던 회사 동기들과 만나는 달과 일은 9월 8일이다. 1998년에 입사했기 때문에 9월 8일로 정했다. 나 자신의 가치관이나 원동력에 대해 생각하는 날은 매달 19일 19시다.

일일이 다 소개하면 끝이 없는데 나는 거의 이런 식으로 기억에 남기 편하게 모임 날짜를 정한다. 이렇게 해놓으면 일에 관한 모임이든 개인적인 모임이든 날짜를 잊어먹을 일이 없으며 지속하기도 쉽다. 숫자를 독특한 방식으로 정하면, 그것만으로도 화젯거리가 되기도 한다. 그래서 나는 지금 당장이라도 내년 일정을 채울 수가 있는 것이다.

어떤 사람은 이 이야기에 '왠지 딱딱하고 얽매여 있는 느낌'이 든다고 생각할지도 모른다. 하지만 스물아홉 살부터 이런 작업을 계속해온 나는 지금 상당히 자유롭다. 때론 원칙이 사람을 한층 자유롭게 해준다.

Part 3
Release your power

29살, 발산하라 너의 힘을

7장

29살,
당신은 왜 돈을 벌고 싶은가?

61

연공서열의 시대는 끝났다,
월급에 대한 당신의 생각을 바꿔라

'**지금보다** 더 많은 월급을 받기 원하십니까?'

한 설문조사에 실린 질문이다. 당연히 많은 사람들이 그렇다고 답했다.

'그러면 어느 정도 더 받기를 원합니까?'

그 다음으로 이어진 질문이다. 어떤 대답이 나왔을까? 대부분의 사람들이 20퍼센트라고 답했다. 왜 20퍼센트인 것일까? 이 결과는 무엇을 뜻하는 것일까?

이 조사는 모든 소득층을 대상으로 이루어졌는데, 우리가 주목해야 할 점은 아무리 부자라고 해도 자신의 수입의 20퍼센트 정도만 증가하면 매우 만족한다는 것이다. 이 말은, 즉 자신이 얼마를 벌든 돈에 대한 불안감이나 문제는 해결될 수 없기 때문에 적어도 수입의 20퍼센트만 상승되면 기쁘게 받아들일 수 있다고 생각한다는 것이다.

예전처럼 연공서열로 월급이 올라가는 시대는 끝났다. 자신의 능력만큼 월급을 받는 연봉의 시대다. 그래서 아마 요즘 들어 사회가 더욱 경쟁이 치열해지는 것 같다. 내가 일한 만큼 벌 수 있으니, 조금이라도 더 벌기 위해서는 갖은 노력을 다해야 하기 때문이다.

그래도 월급은 그리 쉽게 인상되지 않는다. 그렇다면 언제까지나 월급 스트레스를 안고 살아가야 하는 것일까? 그렇지 않다. 월급에 대한 마인드를 바꾸면 된다.

나의 경우, 예전에는 월급을 받는 사람이었지만 지금은 월급을 주는 입장이다. 그래서 직원을 채용할 때 많은 것을 깨달을 수 있었다. 사회에는 두 가지 유형의 사람이 있다. 하나는 월급을 받기 때문에 일한다고 생각하는 사람이고, 다른 하나는 일을 열심히 했기 때문에 월급을 받는다고 생각하는 사람이다.

물론 누구든 삶을 살아가야 하기 때문에 최소한의 보장이 없으면 안심하고 일할 수 없다. 다만 시대에 걸맞지 않게 이 정도 경력이면 이 정도의 월급을 받아야 한다든지, 오래 일했으니 이 정도는 받아야 한다는 생각에서 벗어나야 한다는 것이다.

왜 그런 생각에서 벗어나야 하냐고 묻는가? 회사는 그런 생각을 갖고 있지 않은데 당신 혼자서 그런 생각을 갖고 있으면 그것이 스트레스로 이어지기 때문이다. 돈과 친해지기 위해서는 당신의 월급에 대한 마인드를 바꾸어야 한다. 이것이 시작이다.

62

당신 주위에 있는
10명의 평균 연 수입이
당신의 연 수입이다

'**역시** 돈은 중요하다. 그래서 가능한 한 돈을 많이 버는 것이 좋다.'

이렇게 생각하는가? 이런 생각을 가지고 있으면 당신은 돈과 가까워질 수 없다. 이런 생각보다 우선 당신 주위의 경제 감각이 뛰어난 친구를 활용하는 것이 더 나은 방법이다.

사람은 환경에 따라 자신의 사고방식이나 행동 기준을 정한다. 주위에 꿈을 이루기 위해 노력하는 사람이 있으면 당신도 자신의 꿈을 향해 열심히 달려갈 것이다. 평소 동기부여가 높은 친구들을 만나면 당신의 동기부여도 높아질 것이다. 이런 상황을 돈에 적용시켜보는 것이다.

나는 종종 강연에서 이런 말을 한다.

"지금 당신 주변에 있는 10명의 평균 연 수입이 바로 당신의 연 수입입니다."

지나치게 단정적인 느낌도 들겠지만 인간관계의 정곡을 찌르는 말이다. 그만큼 당신 주변을 돌아보는 계기가 될 테니 말이다. 그렇다고 부자 친구만 만나라는 말은 아니다. 경제 감각이 높은 친구를 만나라는 것이다. 부자 친구와 경제 감각이 높은 친구는 차원이 다르다.

경제 감각이 뛰어난 친구는 조용히 주변을 살피며 재테크나 투자에 대해 공부하는 사람이다. 효율적으로 물건을 사는 사람 또는 사회적으로 유익한 사업을 전개하는 사람도 경제 감각이 뛰어나다.

만약 지금 당신의 친구들이 당신과 비슷한 수준이라면 조금은 한 단계 높은 수준의 친구들과 사귀도록 노력해야 한다. 지금 있는 친구를 버리라는 것이 아니라 새로운 친구를 받아들이라는 것이다. 그렇게 얻은 친구를 당신의 기존 친구들과 함께 어울리게 하면 다 같이 수준이 높아지게 된다. 기존의 친구 관계를 약간만 바꾸면 되는 것이다. 이것이 돈과 가까워지는 아주 작은 단계다.

스물아홉 살은 돈에 대한 고민이 늘어나는 시기다. 하지만 정작 그 문제에 대해 진지하게 대화를 나눌 수 있는 친구를 만나기는 어렵다. 그렇기 때문에 적극적으로 자신을 위해 그리고 자신의 부를 위해 경제 감각이 뛰어난 친구를 만나기 바란다.

63

예의,
사람뿐만 아니라 **돈에도 갖추어라**

초등학생은 좋아하는 여자아이가 있으면 그 여자아이에게 괜히 짓궂은 장난을 친다. 이것이 계기가 되어 친해지면 좋은데 세상일이 내 마음대로 되지 않는 것처럼 정반대의 반응이 나온다. 여자아이는 자신을 괴롭히는 것으로 오해하기 때문이다. 그런 관계가 형성되면 성인이 되어서도 그 상황이 쭉 이어진다.

이런 경우를 돈과 연관시켜 생각해보자. 즉 돈도 합당한 예의를 갖추어야만 친해질 수 있는 것이다. 당신이 돈을 함부로 대하면 돈은 당신에게서 멀어진다. 당신이 돈을 소중하게 생각하면 돈은 당신에게 가까이 다가온다.

난 돈 앞에서 겸허한 편이다. 내가 돈을 지불한다고 생색내지도 않는다. 고객은 왕이라고 한다고 자신이 정말 왕인 줄 착각하지 않는 것처럼 말이다. 카페에서 주문할 때도 퉁명스럽게 "카페라테 하나!"라고 외치지 않고 반드시 "카페라테 하나 주세요"라고 정중하게 말한다. 택시를 탈 때도 "OO까지 부탁드립니다"라고 말한다.

이런 나의 모습을 보고 친구들은 "가게 점원보다 더 정중하네"라며 웃기도 하지만 나는 애초에 판매자와 구매자는 평등하다고 생각한다. '돈을 지불하는 행위'는 돈을 내는 만큼, 아니면 그 이상의 가치를 상품이나 서비스라는 형태로 판매자에게서 받는 '교환 작업'에 불과하다. 돈을 지불한다고, 상품을 사준다고, 구매자가 거만한 태도를 취할 일은 아니다.

가끔 평소에는 상냥한데 함께 식사를 하러 가면 점원에게 무례하게 말하거나 행동하는 사람이 있는데, 대체 어느 쪽이 진짜 모습인지 당혹스러울 때가 있다. 그런 모습을 보면 갑자기 마음이 차갑게 식어버린다. 나의 기준으로는 그런 유형의 사람들은 대부분 돈과 친하지 않다.

그런 사람이 되지 않도록 나는 어디를 가든 상냥한 손님이 되기 위해 노력한다. 아무리 바빠도 계산대에서 지폐를 같은 방향으로 가지런히 모아 건네주는 것도 이런 노력에 포함된다. 돈과 친해지려면 돈에 대한 예의부터 차리자.

64

부모를 안심시켜라,
당신이 성장하는 길이다

스물아홉 살은 돈에 대한 걱정이 끊이지 않으면서 부모에 대한 걱정도 늘어가는 나이다. 효의 기본은 '부모를 안심시키는 것'이다. 부모는 자식이 몇 살이든 상관없이 자식 걱정을 하시는 분들이다. 그래서 그들의 걱정을 가라앉혀주기 위해서 끊임없이 당신은 잘 지낸다는 점을 부각해야 한다. 당신이 사회에 도움을 주고, 주위 사람들을 행복하게 해주고, 건강하며 경제적으로 안정되어 있다는 점을 정기적으로 알려야 한다. 이것이 바로 효도다.

그래서 나는 매년 부모와 함께 보내는 시간을 만든다. 그리고 그 시간을 소중하게 생각하며 함께 여행을 가거나 식사를 하면서 내가 일하는 모습을 세세하게 설명한다. 그래야 부모가 안심하기 때문이다.

그런데 내가 왜 부모에 대한 이야기를 이 장에 넣었을까? 그것도 돈에 대해 말하는 이 장에 말이다. 스물아홉 살 무렵, 나에게 가장 큰 동기부여는 부모를 안심시키는 것이었다. 부모를 안심시키기 위해, 부모에게 인정받기 위해, 나 자신을 매년 향상시키겠다고 다짐했던 것이다. 이렇게 생각한 뒤 일이 잘 풀렸다. 일이나 사업 모두 순조롭지 않은 적이 없었다. 나에게는 효가 강한 동기부여가 된 것이다.

빈곤한 나라의 아이들에게 꿈이 무엇이냐고 물어보면 대부분 "단 한 번이라도 좋으니 배가 터지도록 먹고 싶다"라고 답하는 경우가 많다고 한다. 그 말에 바로 먹을거리를 내밀면 아이들은 그것을 전부 먹지 않는다고 한다. "엄마에게 가져다주고 싶다"며 깨끗하게 싸서 집으로 갖고 간다고 한다.

이 책을 읽는 당신은 아마도 경제적으로 풍요로운 나라에서 자랐을 것이다. 그리고 부모들은 자식을 위해 자신이 번 돈을 아낌없이 썼을 것이다. 그렇다면 이번에는 자식이 부모를 위해 돈을 아낌없이 써보는 것은 어떨까. 가끔 슬프게도 자신의 부모를 위해 돈을 쓰는 것을 아까워하는 사람이 있다. 그런 사람은 그 사람의 자식도 그런 마음을 가질 것이다.

부모에게 효를 다하는 것은 자기 성장으로 이어진다. 그리고 부모에게 돈을 쓰는 것은 자기 부로 이어진다.

65

비즈니스와 삶은 전쟁이 아니라, 기쁨을 주는 대상이어야 한다

돈과 가까워지기 위해서는 평소 당신이 사용하는 단어에 신경을 써야 한다. 나는 '횡재'나 '떼돈'과 같은 표현을 잘 쓰지 않는다. 과거에 집필한 책을 보아도 이러한 표현을 찾아볼 수 없을 것이다. '이기다' '지다' '몰아내다' '둘러싸다' '빼앗다'라는 단어도 쓰지 않는다. 글뿐만 아니라 입에 담지도 않는다. '전략'은 본의 아니게 책의 제목으로 사용한 적이 있지만 말이다.

비즈니스를 하다 보면 전쟁 용어를 자주 사용하기 마련이다. 하지만 고객은 자신이 적들에게 둘러싸여 있다고 생각하고 싶어하지 않는다. 경쟁에서 이기거나 졌다는 표현에도 거부감을 갖는다. '비즈니스는 곧 전쟁'이라는 발상은 강해 보이지만 그리 좋은 표현은 아니다. 이 발상을 버리지 않는 한 치열한 각축전은 영원히 지속될 것이다. 물론 이런 발상이 가져다주는 효과는 만만치 않게 높다. 하지만 그것이 계속되는 한, 당신은 돈과 가까워질 수 없다.

비즈니스는 누군가의 경제력을 빼앗는 것이 아니라 조금 환원받는 것일 뿐이라고 생각해야 한다.

난 학창 시절부터 스포츠를 즐겨왔다. 그래서 경쟁의 존재 의미나 소중함을 잘 이해하고 있다. 아니 어떻게 보면 원래 난 경쟁을 좋아하는 편이다. 하지만 그것은 취미에 한정해야 할 뿐, 사회인으로서는 경쟁보다 고객이나 사회 전체에 기쁨을 주는 것을 우선시해야 한다고 생각한다. 본질적으로 당신이 받는 월급은 회사에서 주는 것이 아니라 당신이 만나는 고객이 주는 것이기 때문이다. 그들이 주는 돈으로 회사 유지비와 그 밖의 여러 가지를 제하고, 매달 당신 통장으로 월급이 입금되는 것이다.

그래서 나는 당신에게 돈을 많이 벌자는 의식을 갖고 일하기보다 언제 어느 때든 고객과 사회에 기쁨을 주기 위해 일하라고 말하고 싶다. 그 대가가 당신이 받는 월급으로 환원되는 것이다. 당신이나 당신이 다니고 있는 회사를 통해 기쁨을 얻는 사람이 많아질수록 그만큼 당신 회사에 돈이 쌓이는 것이다.

지금까지 비즈니스와 삶은 곧 전쟁이라고 생각했다면, 당장 그 생각을 버렸으면 한다. 비즈니스와 삶은 전쟁을 해야 할 대상이 아니라 서로 융화하면서 살아가야 할 대상이다. 당신이란 존재를 사회가 얼마나 기뻐해줄 것인지 생각하고 행동하라. 그때부터 당신은 돈과 가까워질 것이다.

66

당신의 돈을 **직접** 지불하면서
돈의 가치를 파악하라

일의 성격상 나는 온갖 브랜드를 파악하고 있어야 한다. 그래서 틈틈이 새로 생긴 음식점에 가거나 화제의 쇼핑센터로 발걸음을 옮기곤 한다. 이때 내가 정한 원칙이 있다. 내가 직접 돈을 지불한다는 것이다. 이 말은 그 돈을 나중에 회사 경비로 청구하지 않는다는 것이다. 그럴 수도 있지만 그러면 돈을 직접 지불하는 가치를 알 수 없다. 내 지갑을 열어 그 브랜드의 옷을 사거나 식사를 해야만 진정한 의미에서 그 브랜드의 가치를 알 수 있기 때문이다.

나는 이런 행위를 '사회인의 사회 견학'이라고 말한다. 사회인이된 지 얼마 안 되고 나서부터 의식적으로 이렇게 해왔는데 돈에 대해 많은 것을 배우게 되었다.

돈에서 그 가치를 빼는 것은 수학을 공부할 때 곱셈을 빼놓는 것과도 같다. 아무리 열심히 공부해도 곱셈 없이 수학의 정의를 구할 수 없듯, 돈도 그 가치를 빼면 아무 의미 없는 종잇조각에 불과

하다. 돈의 가치를 공부하지 않으면 구매자의 쇼핑 기술이나 판매자의 판매 기술이 전혀 향상되지 않는다.

나는 돈의 가치는 자신의 돈으로 물건을 직접 구매할 때 알 수 있다고 생각한다. 그래서 주위 사람들이 자신의 돈으로 새로운 일에 도전하거나 물건을 사는 일을 주저할 때 '경험치 향상'이란 말로 그들을 다그친다. 당신의 경험치를 향상시키려면 당신의 돈을 직접 써보아야만 한다.

스물아홉 살이 되면, 왠지 모르게 세상 흐름에 대해 무관심해지곤 한다. 의식적이든 무의식적이든 새로운 상품이나 서비스에 시큰둥한 반응을 보이는 것이다. 그리고 무엇을 사더라도 회사 경비로 처리하기 때문에 상품의 가치를 정확하게 구분하지 못한다. 비싼 곳에 가서 저녁을 대접해도 회사 경비로 충당하기 때문에 가격과 비교해 서비스와 맛이 어떤지 평가하려고 들지 않는다. 이런 습관이 돈의 가치를 제대로 파악할 수 없게 만든다.

난 당신에게 매달 한 번쯤은 소비자로서의 경험을 해보라고 권하고 싶다.

'이 정도의 상품은 어느 선이 적정한 가격일까? 여기서 가격을 좀 더 올린다면 소비자는 어떻게 받아들일까?'

이런 생각을 하면서 소비자의 입장에 서서 물건을 구입한다면 책으로 배울 수 없는 돈의 가치를 알게 될 것이다.

67

'Look'이 아니라 'Observe'로
사회의 구조를 배워라

더운 여름에는 시린 이에 효과적인 센소다인Sensodyne, 시린 이를 위한 치약이 잘 팔린다. 아이스크림이나 차가운 음료수를 마시면서 자신의 치아가 지각 과민 치아란 사실을 깨닫는 사람이 많기 때문이다. 속담 중에 '바람이 불면 나무통 장수가 돈을 번다'라는 말이 있다. 무슨 일이 일어나면 돌고 돌아 의외의 곳에 영향을 미친다는 뜻이다. '나비 효과'와 같은 의미라고 할 수 있다. 특히 경제의 경우 이런 변동수가 많다. 그렇기 때문에 우리는 보다 나은 삶을 위해 경제 구조를 파악해두는 편이 좋다.

나는 주식 투자를 통해 경제를 배웠다. 사회인이 된 지 얼마 안 되어 시작했는데 그때부터 서서히 경제에 눈을 뜨게 되었다. 소액이지만 개인 투자가라는 명함을 가지게 되면서 자연스럽게 경제 공부에 열중하게 되었고, 그 덕분에 비즈니스의 생태에 밝아졌다.

경제에 관심을 기울이자, 우선 세상을 보는 눈이 달라졌다. 흔한 편의점에 가도 단순하게 고객의 입장에서 이용하는 것이 아니라 그 가게의 특성이나 차별화를 생각하게 되었다. 역 앞에 새로운 체인 레스토랑이 생기면 어느 회사의 사업체인지 바로 조사하는 버릇도 생겼다. 각 회사의 비즈니스 모델에도 강한 흥미를 갖게 되었으며 어느 부분에서 이익을 내고 있는지 깊이 분석하게 되었다. 공짜로 나누어 주는 상품에도 눈길을 돌렸다. 이런 마케팅이 가져다주는 이익에도 관심을 기울였던 것이다.

이 자리에서 내가 당신에게 주식 투자로 경제를 배우라고 말하는 것은 아니다. 투자는 실제 돈이 드는 일이며 위험 손실도 감안해야 하기 때문에 권하고 싶지 않다. 다만 돈이나 경제 그리고 비즈니스, 더 나아가 사회 전체를 아는 데 주식 투자가 크게 도움이 되었다는 사실을 알려주고 싶을 뿐이다.

일본에서는 '투자는 도박'이란 이미지가 뿌리 깊게 자리 잡고 있는데 미국에서는 어릴 때부터 아이들에게 우량 기업의 주식을 선물하는 투자가 자연스럽게 생활 속에서 이루어지고 있다.

그렇게까지는 아니더라도 당신은 돈을 들이지 않고 독자적으로 투자 시뮬레이션을 해보아야 한다. 그리고 투자가는 늘 'look보다'이 아니라 'observe관찰하다'로 사물을 대해야 한다. 이것을 몸에 익히면, 돈이나 경제에 대해 좀 더 깊이 알 수 있을 것이다.

68

당신의 이미지를 만드는 데
돈을 아끼지 마라

"**인상적인** 옷을 입으면 한층 좋은 인생이 펼쳐진다."

패션 디자이너 비비안 웨스트우드는 이렇게 말했다. 한층 좋은 인생이 무엇인지는 사람에 따라 달라지겠지만 옷이나 장식에 신경을 쓰고 투자를 하면 사람이 달라져 보이는 것은 맞는 말이다.

쉽게 다가서기 쉬운 차림을 하면 분명히 '쉽게 다가서기 쉬운 사람'으로 보인다. 독창적인 모습을 하면 '독창적인 사람'으로 보인다. 복장은 메시지 그 자체다.

당신이 내세우고 싶은 이미지가 있는가? 그렇다면 먼저 그런 유형의 사람을 찾아라. 그 사람의 복장을 유심히 관찰해서 자신의 스타일을 만들어내는 것이다. 이런 시도만으로도 당신의 인상은 바뀔 수 있다. 이런 행동이 '한층 좋은 인생'으로 가는 첫걸음이 될 수 있다. 그렇기 때문에 자신이 입고 있는 옷에 대해 소홀하면 안 된다.

옷에 대해서는 9장에서 더 자세하게 설명하겠지만 자신이 입는 옷에 신경을 쓰는 사람은 이미지도 밝다.

그렇다고 고급 브랜드를 살 필요도, 유행을 좇아갈 필요도, 패션에 민감해질 필요도 없다. 당신을 본 사람이 '이 정도로 복장에 마음을 쓴다면 다른 일도 세심하게 배려할 것이다'라고 느낄 수 있는 정도면 충분하다. 그러면 사회생활을 하는 데 필요한 '사람' '물건' '기회' '돈' 등이 한층 쉽게 당신에게 다가올 것이다.

그리고 옷이나 구두 그리고 가방 등은 관리가 중요하다. 비싼 돈을 들여 새롭게 장만했는데 소홀하게 관리하면 당신은 돈을 값어치 없이 쓴 게 된다.

나는 일요일 밤 직접 정성스럽게 셔츠를 다리미로 다리고, 구두를 닦는다. 이러면 새로운 마음으로 기분 좋게 월요일을 맞이할 수 있다.

패션 디자이너 야마모토 데루지山本耀司는 이렇게 말했다.

"옷이 멋있는 것이 아니다. 입고 있는 사람이 멋있기 때문에 옷이 멋있게 보이는 것이다."

비비안 웨스트우드와 야마모토 데루지는 내가 존경하는 패션 디자이너들이며 이들의 말은 귀담아들을 필요가 충분히 있다.

69

지금 당신의 모습,
과거의 당신이 만든 것의 집합체다

영어 표현 중에 'You are what you buy'라는 말이 있다. 즉 '당신은 당신이 지금까지 산 것의 집합체다'라는 뜻이다.

당신이 지금 입고 있는 옷과 신고 있는 구두 그리고 메고 있는 가방, 가방 속에 들어 있는 물건들을 통해 당신의 취향은 물론 직업이나 성격 그리고 독창성과 행동 범위를 어느 정도 추측할 수 있기 때문이다. 이뿐만이 아니다. 그 사람의 철학까지도 살짝 엿볼 수 있다.

어찌 보면 인생에서 쇼핑이 차지하는 비중은 매우 크다고 할 수 있다. 사람은 이득을 보고 또 손해를 보면서 평생 쇼핑 철학을 갈고닦는다.

그러면 당신은 당신만의 쇼핑에 대한 원칙이나 철학이 있는가? 나는 이런 원칙이 있다.

'아울렛 매장에서 물건이 싸다고 같은 물건을 두 개 사지 않는

다. 결국 필요한 것은 한 개뿐이기 때문이다.'

'배고픈 상태에서는 슈퍼마켓에 가지 않는다. 욕구 불만으로 불필요한 물건을 사게 된다.'

'세 번 정도 생각해본 뒤 물건을 구입한다. 충동구매 하면 반드시 후회한다.'

그리고 좀 특이하게도 이런 원칙도 있다.

'되도록 골동품을 이용해 실내장식을 한다.'

물론 골동품은 호락호락한 가격이 아니기 때문에 그것으로 실내장식을 전부 할 수는 없다. 그래서 기존의 가구와 잘 어울릴 수 있는 골동품을 구매해야 한다.

이것은 미국과 유럽의 부유한 집안에서 오래전부터 전해 내려온 생활의 지혜다. 시간이 지나면 지날수록 가치가 올라가는 물건을 구입해두는 것이다. 이것은 내가 스물아홉 살 무렵부터 실천해온 일이다. 지금은 집 안 구석구석에 골동품이 놓여 있다. 새 가구와 있어도 전혀 동떨어지지 않고, 오히려 은근한 멋이 풍겨져 나온다.

얼마 전에는 1930년대에 영국에서 만든 다리미판을 샀다. 방 안에 놓아두는 것만으로도 푸근해 보이고 친환경적인 상품이라 값어치도 높다.

70

부를 쌓기 위해선, 부를 쓰기 위해선,
그에 맞는 품위를 길러라

대학 시절 한 CEO와 식사를 같이한 적이 있었다. 식사를 끝내고 나는 예의상 지갑을 꺼내며 내 몫은 내가 내겠다는 제스처를 취했다. 보통 이런 경우는 연장자가 "아니, 내가 내지"라고 말한다. 그러면 얻어먹은 쪽이 "그럼 잘 먹었습니다"라고 정중하게 감사를 표하면 그것으로 상황이 잘 정리된다.

하지만 그분은 조금 다른 상황을 연출했다.

"이 식사는 당연히 내가 사겠네. 대신 자네는 내 나이가 되면 후배들을 위해 힘써주기 바라네. 이 말은 그만큼 훌륭한 사람이 되라는 뜻이네. 좋은 사람이 되어 빚을 갚게나. 이런 부탁을 해도 되겠나?"

'노블레스 오블리주'라는 말을 처음 알게 된 것도 이 무렵이다. 거칠게 표현하자면 '많은 것을 갖고 있는 사람은 그만한 책임이 있다'는 뜻이다. 미국인은 봉사 활동이나 기부 활동 또는 지역의 후

세대를 양성하는 일에 열성적이다. 그것은 그들 안에 노블레스 오블리주 정신이 크게 자리 잡고 있기 때문이다. 그들은 어려운 사람들을 돕는 일이나 한층 더 좋은 사회를 만드는 것이 곧 자신들을 위한 일이라고 생각한다.

많은 사람들이 부를 쌓기 위해 많은 궁리를 한다. 그리고 노력도 많이 한다. 하지만 부를 쌓기 위해서는, 부를 사용하기 위해서는 그에 맞는 품위가 필요하다.

'멋있게 돈을 쓰는 법'에 대한 정의는 사람마다 다르겠지만 나는 앞의 경영자와 같은 자세를 좋아한다. 나 자신도 날마다 그런 사람이 되기 위해 도전을 거듭하고 있다.

그런 관점에서 내가 당신에게 제안하고 싶은 것이 있다. 그것은 당신의 모교에 공헌하라는 것이다. 단순하게 돈을 기부해도 좋지만 도서실에 책을 기부한다든지, 특정 동아리에 비품을 보내 주는 방법 등 범위를 넓히면 할 수 있는 일이 너무나 많다.

경제적으로 힘들다면 자신의 시간을 기부하는 것도 좋은 방법이다. 자주 찾아가 후배들과 좋은 자리를 만드는 것도 모교에 공헌하는 것이다.

모교는 좋든 싫든 영원히 모교다. 당신이 당신의 과거를 바꿀 수 있다면 몰라도 그럴 수 없다면 변하지 않는다. 부모처럼 자기 마음대로 바꿀 수 없는 존재인 것이다.

모교에 어떤 형태로든 공헌하면 회사 이외에 또 다른 사회와 관계를 맺을 수 있다. 다음 세대를 기르는 길이 되기도 하며 은사에게 은혜를 갚는 길이기도 하다.

돈을 올바로 쓰는 법을 깨우치고 싶다면 모교에 공헌을 해보자. 세계적으로도 유명한 컨설턴트인 오마에 겐이치大前研一는 지금도 모교인 매사추세츠 공과대학에 연 수입의 몇 퍼센트를 매년 기부하고 있다.

8장

29살,
당신은 왜 리더가 되고 싶은가?

71

당신의 생각이 깊어졌다면,
리더십에 대해 진지하게 탐구하라

스물아홉 살, 당신은 자신의 생각이 이전보다 깊어졌다고 생각하는가? 리더십에 대해 관심이 가는가? 리더십을 기르기 위해 노력하는가? 만약 그렇다면 당신은 리더가 될 자격을 갖춘 셈이다. 리더는 리더가 되고자 할 때 될 수 있기 때문이다.

여기서 한 가지 짚고 넘어갈 것이 있다. 리더란 무엇인가? 리더가 하는 일은 무엇인가? 리더는 말 그대로 앞장서서 이끌고 가는 사람일까? 아니면 팀원의 능력을 파악해 정확한 지시를 내리면서 사람을 움직이는 사람일까? 또는 규칙을 만들고 규칙을 지키는 사람일까?

정답부터 말하면 결론은 없다. 리더십은 인간의 영원한 주제다. 지금도 세계 각지에서 새로운 리더십 이론이 쏟아지고 있다. 그러나 아무리 새로운 것이 나온다 하더라도, 그 노하우가 당신 입장에 딱 맞아떨어진다고 하더라도, 결국 완전한 리더십 이론은 없다.

하루하루 시행착오를 거듭하면서 자신에게 맞는, 아니면 자신의 직장에 맞는 '나름의 리더십'을 만들어가는 길 외에는 없다.

스물아홉 살을 맞이하는 당신은, 스물아홉 살인 당신은, 앞으로 계속 리더의 역할을 고민하며 은퇴하는 그날까지 시행착오를 거듭해야 한다. 철학자가 된 기분으로 매일 리더십이 무엇인지 파헤쳐가야 한다.

어느 경영자는 자신의 확고한 리더십을 이렇게 표현했다.

"리더란 동기부여자다."

사실 그녀는 스물네 시간 내내 팀의 동기부여를 높이는 데 모든 에너지를 쏟고 있다. 자신의 확실한 철학을 현실에서 구현하고 있는 것이다. 그녀야말로 진정한 동기부여자라고 할 수 있다. 능숙한 화술로 직원들에게 동기부여를 해줄 뿐 아니라 직원들이 "단지 함께 일하는 것만으로도 활기가 넘치고 의욕이 샘솟는다"라고 칭찬할 정도다.

리더는 어찌 보면 치어리더와 같다. 앞에 나서서 전 응원객을 한마음으로 모으는 일을 하기 때문이다. 당신이 진정한 리더가 되고자 한다면 먼저 자신을 리드할 줄 알아야 한다. 그리고 그 후, 다른 사람을 이끌 최고의 동기부여자가 되어야 한다. 지금 이런 결정을 하는 것만으로도 당신의 미래는 밝아질 것이다.

72

일은,
자신을 **성장시키는** 유일한 **길**이다

한 조사에 의하면 직장 상사 중 '성격이 고약한 사람'이 있으면 조직의 분위기가 흐트러지기 쉬우며 그 사람 때문에 시간을 낭비하거나 누군가가 그만두거나 함으로써, 연간 높은 손애액이 생긴다고 한다.

특히 그런 고약한 사람이 조직을 이끌어가는 위치에 있다면 그 조직의 앞날은 밝다고 할 수 없다. 피해가 한층 더 커지기 때문이다. 대부분의 사람들은 일하는 방식을 쉽게 바꾸지 못하거나 여간해서는 변화하려 들지 않는다. 이것은 내가 전국의 회사를 돌아다니면서 느낀 바다.

사람은 스물다섯 살 무렵부터 서른 살 이전에 자신만의 일하는 스타일을 만든다. 적절하게 힘을 배분하면서 자신에게 가장 잘 맞는 일 스타일에 익숙해지는 것이다. 그 안에서 자신의 가치관을 세우기도 한다. 물론 회사의 풍토나 분위기 또는 첫 상사나 선배의 영향에 의해 가치관이 형성되는 경우가 많다.

이럴 때 일은 적당하게 하는 것이라 생각하며 일하다가 상사가 된 사람이 있다면 그때부터 그 조직은 어디 묻혀 있는지도 모르는 지뢰밭을 거니는 것처럼 언제 어디서 어떤 일이 터질지 아무도 모르는 조직이 된다.

한번 그렇게 일하다 보면 그 맛에 익숙해져 그는 힘든 일이나 용기가 필요한 일 또는 책임을 져야 하는 일 등은 하지 않는다. 그의 상사가 잘못된 마인드나 일 스타일을 꾸짖어도 그때만 고개를 숙일 뿐, 바꾸려고 하지 않는다.

이런 사람은 '일은 자신을 성장시키는 유일한 길이며, 극한까지 밀고 나가야 한다'라고 아무리 부르짖어도 한 귀로 듣고 한 귀로 흘려버린다. 그런 사람 밑에서 부하 직원이 무엇을 배울 수 있을까? 아마도 그런 스타일을 그대로 배워 그들도 똑같이 그렇게 일할 것이다.

그렇다면 회사가 그에게 해줄 수 있는 일은 무엇일까? 더 이상 승진의 기회를 주지 않거나 좌천시키는 길뿐일 것이다. 뿌린 만큼 거두니, 스물다섯 살 때부터 서른 살까지 자신만의 확고한 일 스타일을 만들고, 그것을 통해 자신을 발전시켜야 한다.

73

당신의 화가 폭발하려고 하면
무조건 숨어라

당신은 지금 어떤 회사생활을 하고 있는가? 나는 어떤 회사에서 첫발을 내딛는가보다 어떤 사람 밑에서 일을 배우는가가 훗날 당신의 사회생활을 더 크게 좌우한다고 생각한다. 그만큼 첫 상사와 첫 선배의 영향력은 막대한 것이다.

만약 선배가 무심코 이런 말 한마디를 던졌다고 가정해보자.

"적당히 해. 그냥 적당히 하면 아무 문제 안 돼."

이 한마디는 지금 갓 사회에 진출한 초년병의 일에 대한 가치관을 결정하게 된다.

이 부분을 읽는 순간, 세상의 수많은 선배들은 바짝 긴장해야 할 것이다. 선배는 후배의 역할 모델이다. 자신의 발언 하나하나에 큰 영향을 받는 사람이 있다는 사실을 하루도 잊지 말아야 한다. 무심코 던진 돌멩이가 개구리를 죽이듯, 무심코 던진 선배의 말 한마디에 후배의 인생이 결정된다.

하지만 선배들도 사람인지라 화가 나면 해서는 안 되는 말을 내 뱉을 때가 있다. 이때 부하 직원이나 후배는 상처를 받는다. 본디 상처를 입힌 사람은 기억하지 못해도 상처를 받은 사람은 가슴에 오롯이 담고 쉽게 잊지 못한다.

그래서 나는 화가 날 때는 일부러 입을 다문다. 화난 기세로 평소에 품고 있던 생각을 전부 토해내봤자 좋은 결과가 나오지 않기 때문이다. 이럴 때는 오히려 혼자서 조용히 있는 것이 빠르게 안정을 찾는 길이다.

로켓이나 위성을 관장하는 관제탑의 직원들에게는 어떤 위기 상황에서도 절대로 목소리를 흐트러뜨리거나 큰 소리를 내면 안 된다는 규칙이 적용된다. 감정을 전면에 내세우면 다른 직원들을 초조하게 만들어 실수를 할 우려가 있기 때문이다.

화가 나면 조용히 혼자서 있을 만한 곳을 찾아 잠시 피해 있자. 한 시간 정도 있으면 어느 사이에 당신의 화가 풀어져 있을 것이다.

74

후후후, 헤헤헤, 히히히가 아닌
하하하로 호쾌하게 웃어라

스물아홉 살에 리더의 자리를 꿰어차기는 어렵다. 하지만 이 나이에 리더의 자리를 꿰어찬 사람들이 꽤 있다. 이들은 대부분 냉정하고 침착하며 자신의 감정을 잘 조절한다. 하지만 이것에만 능통하다고 리더가 될 수 있는 것은 아니다. 리더는 새로운 기획을 줄기차게 내놓아야 한다.

이런 독창성은 감정이 풍부해야 발휘되기 쉽다. 사람의 마음을 사로잡는 아이디어를 내놓는 힘은 풍부한 감정에서 나오기 때문이다. 감정을 누를 때는 잘 누르고, 드러낼 때는 마음껏 드러내야 리더의 자질을 갖추고 있는 셈이다. 이런 균형이 잘 이루어질 때 진정한 리더로 거듭나게 된다.

난 리더에게, 리더가 되고자 하는 사람에게, 웃을 때는 가능한 한 큰 소리로 웃으라고 권한다. 리더가 호쾌하게 웃으면 조직의 분위기가 부드러워지고 밝아진다.

화는 참되, 웃음은 참지 말아야 한다. "후후후" "헤헤헤" "히히히"가 아닌 "하하하!" 하고 호쾌하게 웃음을 터뜨려야 한다. 자신의 성향이 그렇지 못하다면 의식적으로라도 호쾌하게 웃어보자.

팀원이 큰일을 해냈을 때, 팀원이 사회에 도움이 되는 일을 했을 때, 개인적으로 소원하던 일이 성사되었을 때, 리더는 호쾌한 웃음으로 팀원의 사기를 북돋워주어야 한다. 진심으로 자신의 일처럼 기뻐하며 웃어주어라. 이런 리더가 많으면 많을수록 사회는 밝아진다.

동물은 큰 소리로 웃지 못한다. 사람밖에 할 수 없는 일이다. 사람밖에 할 수 없는 일을 후회 없이 해보자. 더불어 선택의 갈림길에 섰을 때 더 즐거울 것 같은 쪽을 선택하는 것도 인간밖에 할 수 없는 일이다. 나 또한 늘 그렇게 하고 있다.

75

리더가 되고 싶다면
당신의 가슴과 턱 그리고
입꼬리를 의식하라

자주 웃고 즐겁게 일하자는 말은 내뱉기는 쉬워도 실생활에 적용하기는 매우 어렵다. 만약 당신은 웃는데, 당신은 일을 즐기고 있는데 그것이 전혀 티가 안 난다면 어떤 느낌일까? 정말 환장하고도 남을 노릇 아니겠는가?

그 원인이 무엇일까?

가슴과 턱 그리고 입꼬리 때문이다. 이것들이 범인이다. 리더십은 가슴에서 나온다. 이는 내가 즐겨 쓰는 말이다. 가슴을 활짝 펴고 서 있거나 앉아 있으면 자신감이 넘쳐 보인다. 매우 적극적으로 보이는 것이다. 실제 면접에서 이런 점을 살펴보는 기업도 많다.

턱도 중요하다. 아무리 자세가 좋아도 얼굴을 숙이고 있으면 태가 안 난다. "괜찮아요? 무슨 일 있어요?" 하며 무심결에 위로해 주고 싶을 정도로 어두운 인상을 준다. 즉 자세와 턱은 떼려야 뗄수 없는 관계인 것이다.

적극적이고 자신감이 넘쳐 보이기 위해서는 턱을 위로 약간 쳐드는 것이 좋다. 그래야 미래를 응시하는 리더처럼 보인다.

정치적 메시지가 담겨 있는 포스터가 좋은 예다. '새로운 세상으로 나아가자!'라는 표어가 붙은 포스터에 고개를 숙인 사람이 있다면 새로운 세상으로 나아가고 싶겠는가? 적극적인 기세를 느낄 수 있겠는가?

입꼬리도 빼놓을 수 없다. 리더의 입은 싫든 좋든 사람들이 자주 보게 된다. 입꼬리가 내려가 있으면 굉장히 힘이 없어 보인다. 그리고 세상에 대해 지루해하는 것 같은 인상을 준다.

모나리자의 절묘한 입꼬리를 보자. 은근슬쩍 올라간 모나리자의 입꼬리는 자신이 세상을 읽고 있다는 듯이 묘한 예지력을 표출한다. 거만한 미소가 아니라 자신은 뭔가를 알고 있다는 비밀스러움을 풍기고 있는 것이다.

리더의 이미지를 구축하고 싶다면 지금 당장 당신의 가슴과 턱 그리고 입꼬리를 관리하라. 리더가 되는 길은 가까우면서도 멀지만 한번 구축하면 누구도 따라올 수 없는 자신만의 길이 될 것이다.

76

처음에는 완전 제로,
그 위에 **하나하나 쌓아가는 것이 신용**이다

이름도 알려지지 않고 허름하기만 한 외관, 그저 배나 채우자는 욕심으로 아무 기대 없이 들어간 식당인데 음식이 혀에 착착 감겼다. 그 맛을 못 잊어 그 후에도 자주 찾아갔는데 손님을 맞이하는 태도나 맛에는 아무런 변함이 없다. 이 친구를 데리고 가도, 저 친구를 데리고 가도, 매번 절로 탄성이 나온다.

한편, 세계적으로 유명한 음식점들이 요란스럽게 일본에 진출했다. 대중매체들은 앞다퉈 그들의 화려함을 보도했다. 그것에 혹해 찾아갔더니 너무 기대를 한 탓일까? 전혀 탄성이 나오지 않았다. 내 입맛이 잘못되었나 싶어 이 친구를 데리고 가도, 저 친구를 데리고 가도, 탄성이 나오지 않았다. 그저 밋밋한 맛을 화려함으로 포장한 레스토랑에 지나지 않았다. 그 후, 다시는 가지 않는다.

이 두 가지 사례를 곰곰이 생각해보자. 이들에서 당신이 발견해야 할 점은 '신용'이란 것이다. 신용은 한 번에 산꼭대기만큼 올라가는 것이 아니다. 낮은 단계에서부터 한 단계 한 단계 올라가 쌓이는 것이다.

사람도 마찬가지다. 신용은 '원래부터 있는 것'이라고 생각하는 사람이 수두룩하다. 그리고 실수할 때마다 낮아진다고 생각한다. 그러나 신용은 처음에는 완전 제로다. 제로에서 시작해 조금씩 쌓아가는 것이다.

그렇다면 신용을 쌓기 위해서는 어떻게 해야 할까? 아주 간단하다. 작은 약속이더라도 반드시 지키는 것이다. 스물아홉 살은 회사에서 상사와 부하 직원의 틈바구니에 끼어 크고 작은 약속을 매일 지키며 생활해야 하는 시기다. 여기서 중점을 두고 싶은 것은 부하 직원과 한 '작은 약속'이다.

"다음에 차라도 한 잔 마시면서 천천히 이야기하자."

"꼭 추천하고 싶은 책이 있는데 다음에 빌려 줄게."

이처럼 가볍게 한 약속이라도 당신의 부하 직원은 분명하게 기억하고 있다. 그리고 당신이 그 약속을 지키지 않을 때 당신에 대한 부하 직원의 신뢰의 수치는 조금씩 내려간다.

신용을 잃고 싶지 않은가? 작은 약속도 지켜라. 이것이 당신을 지키는 신용의 가장 큰 울타리다.

77

명함이 요구하는 실력보다
20퍼센트 더 발휘하라

일본에서는 스무 살이 되면 성인식을 치른다. 어른이 되었다고 신고하는 의식인 것이다. 하지만 성인식을 치렀다고 모두 갑자기 청소년에서 어른으로 바뀌는 것은 아니다. 육체적이든 정신적이든 어른이 되는 시기는 제각각 다르기 때문이다. 어쩌면 '어른이 된다'보다 '어른이 되어간다'라고 표현하는 것이 정확할지 모른다. 이 말은 직위에도 적용시킬 수 있다.

회사에 입사하면 명함을 찍게 된다. 하지만 명함을 찍었다고 그 순간부터 명함에 어울리는 인물이 되는 것은 아니다. 명함은 된 것이 아니라 되어가는 과정을 나타내는 지표라고 생각해야 한다. 그리고 자신의 명함을 언제 어디에 내놓아도 부끄럽지 않도록, 명함에 걸맞은 사람이 되도록 꾸준히 노력해야 한다.

하지만 난 여기서 더 요구한다. 명함이 요구하는 실력보다 20퍼센트 더 발휘하라고 요구하는 것이다. 이것이 사회인이 가져야 할 목표다. 회사 사람들이 당신이 지금의 위치에 있는 것이 아깝다고 생각할 만큼 더 실력을 높이라는 말이다.

아직도 구체적인 이미지가 떠오르지 않는다면 기업 문화를 그린 만화를 보기 바란다. 기업 만화에는 거친 리더와 냉철한 리더 등 비즈니스 리더의 모범이 될 만한 인물이 반드시 나온다. 그들은 만화의 특성에 따라 직위보다 20퍼센트 더 높은 실력을 발휘하곤 한다. 당신이 목표로 삼을 만한 리더의 모습을 만화에서 찾았다면 남은 것은 그 이미지를 계속 그리며 따라 해보는 것이다. 만화라고 무시하면 큰 코 다친다. 만화 속의 기업 문화는 실제 기업의 이미지를 고스란히 담고 있는 경우가 많다.

특이할 만한 사항은 또 있다. 그것은 만화 속에 등장하는 리더가 사용하는 관용구다. 그들은 그들만의 말을 만들어 자신의 이미지를 캐릭터화 하고 있다. 이번 기회에 당신도 자신만의 관용구를 만들어보는 것도 좋을 것이다.

'직위가 사람을 만든다'라는 말이 있다. 이 말의 뜻은 시간이 흐르면서 자연스럽게 직위에 맞는 인물이 된다는 의미가 아니다. 열심히 궁리하고 노력해 그 직위에 어울리는 사람이 되라고 강조하는 의미다. 스물아홉 살, 이런 자세가 당신의 몸에 배어 있다면 당신은 앞으로 무서운 속도로 성장해갈 수 있을 것이다.

78

긍정적인 것을 이기는 사람은,
이 세상에 없다

해바라기는 태양이 가는 쪽을 향해 고개를 돌린다. 그래서 이름도 해바라기인 것이다. 리더는 해바라기처럼 태양을 좇아 햇살의 기운을 듬뿍 받아야 한다. 그리고 항상 표정이 밝아야 한다.

리더는 항상 긍정적인 사고를 갖고 긍정적으로 행동해야 하는 것이다. 긍정적인 사고를 갖자는 말은 지금까지 귀가 아플 정도로 들어왔을 것이다. 그래도 다시 이 말을 하는 것은 그 어떤 것도 긍정적인 사고를 이길 수 없기 때문이다. 그리고 앞으로도 없을 것이다.

다만 긍정적인 사고가 몸에 배어 있느냐가 관건이 될 것이다. 아무리 잘 알고 있어도, 아무리 주문을 외워도 말과 행동이 따로 놀면 아무 소용이 없다. 그리고 사람이란 마음이 때와 경우에 따라 시시때때로 바뀌곤 한다.

아무리 긍정적으로 생각하자고 마음을 공글려도 당신 몸이 아프고 당신 마음이 아프면 말짱 헛수고가 된다. 금세 불안한 마음이 들어버리고 긍정적인 사고를 갖자는 다짐은 스트레스밖에 되지 않는다. 긍정적인 사고는 스포트라이트처럼 필요할 때만 사용할 수 있는 것이 아니기 때문에 난처한 일이 생기면 긍정적으로 생각할 수 없다.

나도 잘 알고 있다. 그래서 나는 습관화나 버릇화를 하라고 권한다. 무슨 일이든 무심코 긍정적으로 생각할 수 있도록 본능화시키는 것이다.

나는 이렇게 연습했다. 먼저 긍정적인 점을 발견하는 눈을 길렀다. 때론 누군가의 또는 무언가의 부정적인 면이 먼저 눈에 들어오지만 그 생각을 멈추고 무슨 수를 써서라도 긍정적인 점을 보려고 노력했다.

또 다른 방법은 무슨 일이든 앞에 '긍정적인'이란 말을 붙였다. 예를 들어, 긍정적인 산책, 긍정적인 양치질, 긍정적인 출근, 긍정적인 점심, 긍정적인 휴식, 긍정적인 쇼핑 등과 같이 내가 하는 일 앞에 무조건 '긍정적인'이란 말을 붙인 것이다. 그런데 희한하게도 이렇게 해보니 일상이 매우 재미있었다. 당신도 시도해보기 바란다. 은근히 즐길 수 있는 테마거리다.

79

당신의 동작에 신경 써라,
그 안에 강한 메시지가 담겨 있다

푹푹 찌는 여름날, 서늘한 카페에서 아이스커피를 마시는 것처럼 기분 좋은 일은 없다. 하지만 아이스커피를 담은 병에서 물방울이 떨어져 테이블이 젖는다. 그때 당신은 손수건이나 휴지를 꺼내어 테이블을 닦는다.

이는 가게에 대한 당신의 배려다.

눈이 펑펑 내리는 추운 겨울날, 비즈니스 미팅 때문에 카페에 들어갔는데 마침 당신이 앉으려는 자리 옆에 다른 사람이 앉아 있다. 이때 당신은 눈을 맞은 코트나 목도리를 옆 사람에게 피해가 가지 않도록 조심스럽게 벗는다.

이는 옆 사람에 대한 당신의 배려다.

아무리 바빠도 어떤 장소에서든 이런 식으로 행동하는 사람은 멋지다. 아무리 급해도 책상에 펜을 부드럽게 놓거나 누군가 함께 나갈 때 문을 먼저 열어주거나 계산대에서 시간을 많이 지체했을 때 뒷사람에게 가볍게 목례를 하며 그 자리를 떠나는 당신의 모습은 아름답다.

당신이 리더가 되었을 때 이런 동작 하나하나는 부하 직원의 본보기가 될 수 있다. 이런 모습에서 진정한 리더의 인품이나 자질을 엿볼 수 있다.

아무리 일을 잘하고 의사소통이 능숙한 리더라 하더라도 사람을 불쾌하게 만드는 작은 동작 하나로 부하 직원에게 실망을 안겨줄 수 있다.

그래서 나는 평소에 동작 하나하나에 철저하게 신경을 쓰는 편이다. 그렇다고 이런저런 계산을 하며 살지는 않는다. 다만 공공장소에서, 누군가와 함께 있는 장소에서, 주위 사람을 불쾌하게 만들고 싶지 않다는 마음은 항상 가지고 있다. 이런 마음만 갖고 있어도 당신의 행동 수준은 한층 높아질 것이다.

다시 한 번 말하지만 스물아홉 살인 당신에게 "그것은 잘못되었어!"라고 지적해주는 사람은 없을 것이다. 좋으면 곁에 두고, 싫으면 멀리할 뿐이다. 이 시기에는 자신의 행동을 되돌아보고 스스로 주의해 단련하지 않으면 안 된다.

동작에는 자신의 생각 이상으로 강한 메시지가 담겨 있다. 인품은 동작을 통해 나온다는 점을 명심하면 당신의 인품이 돋보일 것이다.

80

리더의 자질,
용수철 사원과 날개 사원의 구분에서
결정된다

당신은 팀에 도움이 되는 존재인가? 아니면 팀이 당신에게 도움이 되는 존재인가?

어느 쪽이든 상관없다. 팀이 당신에게 도움이 되든, 당신이 팀에 도움이 되든, 결국 목표는 하나다. 서로 힘을 합쳐 새로운 무언가를 만들어보자는 것이다.

최고의 리더가 되기 위해서는 최고의 팀을 구성해야 한다. 그러기 위해서는 당신이 먼저 리더로서의 자질을 발휘해야 하며, 팀원들의 능력을 높이 평가해야 한다.

사람에게는 누구나 인정을 받고 싶어하는 욕구가 있다. 이는 본능과도 같은 자연스러운 욕구다. 윗사람에게 인정을 받는다는 것은, 내가 지금의 위치에 서 있다는 것을 반증하는 지표다. 상사의 인정을 받지 못해 회사를 그만두는 신입사원의 사례는 매우 흔하다. 그런 경우 그 사람의 능력이 부족한 것일까?

아니다. 부하 직원의 능력이 부족한 것이 아니라 상사가 리더로서의 자질이 부족한 것이다. 가끔 "난 상사가 인정해주지 않아도 혼자서 잘 처리했어"라고 말하는 리더가 있다면 그의 리더 기간은 길지 않을 것이다. 어쩌다 운 좋게 그 자리에 올라선 것뿐이다.

당신이 최고의 리더가 되고자 한다면 팀원의 능력을 인정하고 칭찬해야 한다. 팀원 한 사람, 한 사람에게 '당신은 분명 팀에 도움이 되는 존재'라는 점을 인식시켜주어야만 하는 것이다.

직원 중에는 두 가지 유형이 있다. '용수철 직원'과 '날개 직원'이 바로 그들이다. 용수철 직원은 상사에게 질책을 받으면, 그것을 발판으로 용수철처럼 성장하는 사람이며, 날개 직원은 상사가 칭찬을 해주면 한없이 위로 날아오르는 사람이다.

예전에는 용수철 직원이 많았지만 요즘 젊은 세대는 대부분 날개형 직원이다. 그래서 '필요한 존재'라는 말을 자주 해주어야 한다. 날갯짓이 뜸하면 새는 바로 아래로 떨어지고 만다. 부하 직원의 유형을 잘 파악해, 어떻게 의욕을 북돋울까 생각하는 것도 리더의 자질이다.

"한번 전설을 만들어볼까!"

나는 이 말을 동료나 부하 직원에게 종종 한다. 여러모로 쓰기 편한 표현이다. 힘든 일이 눈앞에 닥쳤을 때는 한마음 한뜻으로 이겨내어보자는 의미로 활용하고, 뭔가 새로운 전설이 시작되는 느낌이 들면 더욱 사기를 충전하는 의미로 활용한다.

당신도 당신만의 의욕을 북돋는 말을 만들어보라. 그리고 그 말을 통해 동료나 부하 직원의 사기를 충전시켜라. 아마도 당신의 사기가 더 충전될 것이다.

9장

29살,
당신은 어떤 옷을 입고 있는가?

81
스타일리스트가 되지는 마라,
그저 말쑥하게 입어라

이제부터는 당신의 옷차림에 대해 고민하는 시간이다. 내 경험상 나이와 경력과 성별이 같은 A와 B가 있다면 세상은 말쑥하고 화사한 사람에게 더 많은 기회를 준다. 이 말은 자신의 외모나 옷차림을 어느 정도 관리하는 사람이 사랑을 받는다는 의미다.

그러니 옷에는 별로 관심이 없다고 이 장을 건너뛰어서는 안 된다. 취향에 맞지 않더라도 즐겁게 읽어주기 바란다. 나는 당신이 고객과 마주하는 직업을 갖고 있다면 외모나 옷차림에 신경을 써야 한다고 생각한다. 고객과 부닥치지 않는 직업이라고 해도 말쑥한 차림이어야 한다. 경영자로서의 내 생각이지만 말쑥하게 차려입은 사람이 리더십도 있고 주변의 평도 좋다.

그렇다고 스타일리스트처럼 패션에 모든 관심을 모으라는 의미는 아니다. 그 분야에 발을 담그지 않는 이상 그럴 필요도 없고 그러기에는 시간과 돈이 너무 아깝다. 그저 말쑥하게 입으면 된다.

말쑥하다는 것은 지저분함이 없이 말끔하고 깔끔한 것을 뜻한다. 그 안에 세련되었다는 말도 포함되지만 여기서는 당신이 말끔하고 깔끔한 옷차림만으로 고객과 마주해도 아무 문제가 되지 않는다는 말이다.

전혀 어렵게 생각하지 말자. 평소 옷차림에 대해 흥미만 가지고 있으면 된다. 그리고 깔끔하게 관리하면 된다. 오래된 와이셔츠라도 깨끗하게 세탁해 다리미로 다려 입으면 말쑥한 차림이 된다.

지금 당신 옷차림부터 살펴보라. 말쑥해 보이는가? 그렇지 않다면 주변에서 말쑥한 차림으로 출근하는 동료를 찾아보자. 그리고 그가 어떻게 입었는지 유심히 살펴보자. 그것에 흥미를 갖는 순간, 당신의 옷차림도 말쑥해질 것이다.

이미 당신은 회사에서 공인하는 멋쟁이인가? 그렇다면 당신의 경쟁자는 어떻게 입는지 살펴보라. 당신이 좀 더 업그레이드될 수 있는 첫걸음이다.

82
외모가 아니라
사회인의 깊이와 무게에 초점을 맞춰라

대학 시절 나의 동경의 대상이었던 선배는 외모가 출중했다. 태어날 때부터 균형 잡힌 이목구비를 갖추었던 사람이었다. 아쉽게도 이것은 학창 시절의 이야기일 뿐이다. 외모가 출중하다고 해서 모든 사람에게 인기가 있는 것은 아니다. 외모 외에도 깊이나 무게가 필요하다. 이것이 사회인으로서 갖추어야 할 멋이다.

내가 옷차림에 대해 강조하는 것은 결코 이성에게 인기를 얻기 위해서가 아니다. 이성의 눈길을 끌기 위해 옷차림에 신경을 쓴다면 깊이나 무게는 갖추어지지 않는다. 즉 인간적인 매력이 향상되지 않는 것이다.

스물아홉 살이 되었다면 이성에게 인기 있는 사람보다 사회에서 인기 있는 사람이 되어야 한다. 그러기 위해서는 존재 자체가 주변 사람들에게 기쁨이 되어야 한다. 달리 표현하자면 주변 사람들에게 "그가 없으면 안 된다" "그가 없는 상황은 상상도 할 수 없다"

라는 말을 들을 정도로 사랑을 받으라는 것이다.

사랑받는 이유는 일을 잘해서일 수도 있고, 분위기를 잘 살려서일 수도 있고, 선후배를 잘 보살펴서일 수도 있다. 그 이유는 사람에 따라 다양하게 적용될 수 있을 것이다. 또는 여러 요소가 복합적으로 섞여 있을 수도 있다.

당신이 사회나 조직 또는 지역에 없어서는 안 될 존재로 인정을 받는다면 당신은 단순히 인기 있는 사람이 아니다. 그저 외모가 출중해서 사랑받는 것이 아니라 당신의 존재가 크기 때문에 사랑받는 것이다. 거기다 옷까지 말쑥하다면 더 바랄 나위가 없을 것이다.

사랑받는 사람에게는 공통점이 있다. 그것은 자신보다 사회나 회사를 우선시해 생각하거나 행동한다는 점이다. 강한 정의감이 있으며 그런 우직한 마음이 내면에 쌓이면서 그 사람의 깊이와 무게를 만드는 것이다.

83

옷은
당신을 **브랜딩하기 위한**
가장 기본적인 **도구다**

스물아홉 살, 편한 옷만 찾기에는 너무 젊은 나이다. 그렇다고 유행만 좇는 것도 보기 흉하다. 유행만 좇는 것은 그저 패션 마케팅 전략에 농락당하는 것이며, 자신만의 확실한 스타일을 만들 수도 없다.

일상적으로 옷을 선택할 때는 T.P.O^{time 때, place 장소, occasion 상황}에 맞추어야 한다. 단순히 편하기 때문에 또는 좋아하기 때문이라는 기준으로 옷을 선택하면 안 된다.

아무리 제멋에 산다지만 사회의 눈치를 보지 않고는 살 수 없는 게 직장인이다. 상대방을 배려하고 사회적인 위치를 고려해야 한다. 이런 점을 무시하고 맹목적으로 옷을 사들이거나 입어서는 안 된다.

만약 당신이 내일 누군가를 만나기로 했다면 우선 내일 당신이 취할 행동을 머릿속으로 그려본다. 그리고 그 행동에 가장 잘 어울리는 옷차림에 대해 생각한다. 상의와 하의와 구두, 남성이라면 넥타이, 여성이라면 스타킹까지 내일 행동에 어울리는 것으로 고른다. 작은 하나까지 전날 밤에 생각하고 준비한 뒤 잠자리에 들어야 한다. 이것이 핵심이다. 그 과정에서 당신은 내일 할 말과 할 행동을 점검해볼 수 있다. 이것이 상대방에게 좋은 이미지로 남기기 위한 최선의 방법이다.

이 과정을 통해 당신은 옷을 단순히 입는 대상이 아니라 '자신을 브랜딩 하기 위한 도구' 또는 '비즈니스 경력을 향상시켜주는 아군'으로 만들 수 있을 것이다.

84

당신의 이미지,
당신이 결정하고 만들어가는 것이다

당신 주변에 옷을 잘 입는 사람이 있는가? 그런 사람이 있다면 그 사람에게 당신의 스타일리스트가 되어달라고 부탁하라. 단순히 조언을 듣는 것에서 그치지 말고 함께 쇼핑을 가야 한다. 이성이든 동성이든 나이가 많든 적든 상관없다.

다른 사람에게 부탁하는 것이 부끄럽다고 생각하는가? 그렇다면 다소 돈을 들여서라도 이미지를 만들어주는 전문 컨설턴트에게 부탁하라. 다만 이때 잊어서는 안 되는 두 가지가 있다.

하나는 당신이 추구하는, 지금 하고 있는 일에 맞는, 이미지를 확실하게 결정하는 것이다. 당신에게 명확한 이미지가 없으면 조언하는 사람이나 전문가의 의견을 좇아만 가게 된다. 그러다 보면 이도저도 아닌 애매한 이미지가 만들어질 수 있으니, 당신이 추구하는 이미지를 확실하게 생각해두는 것이 좋다. 부드러운 사람이나 창조적인 사람, 어느 형이라도 상관없다. 당신과 당신 직업에 어울릴 수 있는 이미지라면 괜찮다.

물론 제로에서 함께 생각해보는 것도 나쁘지는 않지만 서로 확실하게 이해하지 않은 상태에서 일이 진행되면 그 과정이 매우 고달파 그만 포기하고 싶어진다. 그래서 다시는 자신의 이미지를 가꾸려 하지 않는다.

다른 하나는 어디까지나 쇼핑을 '비즈니스 옷차림을 위한 쇼핑'으로 한정해야 한다는 것이다. 당신은 일주일 중 5일을 일한다. 일주일의 대부분을 일하면서 보내면서 주말에 입을 옷차림에 신경을 쓴다는 것은 솔직히 괜한 낭비가 될 수 있다. 비용 대비 효과를 생각해도 우선적으로 비즈니스 옷차림에 돈을 써야 한다. 주말에는 당신이 입고 싶은 대로 입어도 아무 문제없다.

불필요한 말이 될 수도 있지만 옷을 손질하고 보존하는 데도 꼼꼼하게 신경을 써야 한다. 이것은 남성뿐만 아니라 여성에게도 당부하고 싶은 말이다. 옷이 쭈글쭈글하면 입고 있는 사람도 왠지 쭈글쭈글해 보인다. 양복은 늘 양복 솔로 먼지를 털고, 셔츠는 항상 다리미질을 해두고, 구두는 반짝반짝 닦는다. 구두 굽이 닳았거나 가죽이 벗겨진 곳이 없도록 꼼꼼하게 손질을 해놓는다. 의외로 벨트에도 사람들 시선이 자주 가는 법이니 소중히 다루고 보관해둔다.

85
스타일은 사이즈에서 나온다,
당신의 체형에 맞는 옷을 선택하라

일본인의 특성 중에는 '탐구심'과 '개선과 개량의 힘'이 있다. 무엇이든 짧은 시간에 세계가 깜짝 놀랄 만한 수준으로 만들어내는 능력은 타의 추종을 불허한다. 그렇게 할 수 있는 것은 끊임없이 노력하는 기업이 있기 때문이다. 그리고 물건을 살 때 꼼꼼하게 살펴보는 사람들의 쇼핑 습관도 한몫하지 않았나 싶다.

특히 기성복의 진화는 감탄을 금치 못하게 한다. 바지는 물론 재킷과 셔츠 등 모든 기성복이 일반적인 일본인 체형에 맞게 발전했다. 10년 전쯤의 드라마를 보면 유행도 유행이지만 뭔가가 어색해 보인다. 그 이유는 옷의 사이즈가 일본인 체형에 딱 맞지 않기 때문이다.

나는 평소 '맵시는 사이즈에서 나온다'라고 강조한다. 옷의 사이즈에 따라 맵시가 달라지기 때문이다. 소매가 너무 길거나 바짓단이 땅에 닿으면 왠지 사람이 멍청해 보인다. 자신의 체형에 맞는 옷을 입었을 때, 그 옷의 가치와는 상관없이 사람의 맵시가 돋보이는 것이다. 나는 아무리 훌륭한 디자이너가 만든 옷이라도 나와 맞지 않으면, 내 체형과 어울리지 않으면 절대 사지 않는다. 옷을 구입할 때는 브랜드나 가격을 보지 말고 그 옷이 당신의 체형과 잘 맞는지부터 체크하라. 이것이 옷을 맵시 있게 입는 최고의 방법이다.

86

당신이 회사원이라면
9대 1의 법칙을 지켜라

회사원다운 옷차림과 개성적인 옷차림 중 어느 쪽을 중시해야 할까? 이 질문에 나는 '9 대 1'이라고 답한다.

회사에서 일하고 있는 이상, 90퍼센트는 회사에 어울리는 옷차림 또는 자신의 역할이나 업무에 맞는 옷차림을 선택해야 한다. 10퍼센트 정도만 개성을 살려서 입어라.

평소 자신의 개성을 중시했던 사람이라면 불만을 가질지도 모른다. 하지만 다양한 연령대와 감각을 지닌 사람들이 모여 있는 회사에서는 그 정도의 개성만 살려도 충분히 개성파라고 불릴 수 있다.

우선은 개성보다 회사에서 요구하는 옷차림을 확실하게 소화하는 것이 가장 좋다. 그것을 충족했다면 이번에 액세서리로 자신의 개성을 뽐내보자. 남자라면 넥타이나 포켓칩으로 개성을 더하고, 여자라면 귀고리나 목걸이를 활용해 자신만의 멋을 발휘해보자.

좀 더 개성에 치중하고 싶다면 과감한 컬러에 도전해보는 것도 괜찮다. 색의 활용은 인간밖에 할 수 없는 분야다. 패스트 패션 fast fashion. 최신 트렌드를 반영해 빠르게 유통시킨 의류을 활용하면 다양한 색의 세계에 접근할 수 있을 것이다.

작년 크리스마스 파티 때 난 참가자 전원에게 '빨간색이 들어간 옷을 입을 것'을 요구했다. 그 결과 이 기회를 통해 도전해보고 싶었던 빨간색의 옷을 구입할 수 있었다며 사람들이 굉장히 즐거워했다. 그리고 자신에게 빨간색이 잘 어울린다는 것도 알게 되었다는 사람도 있었다.

더불어 말하자면 불황일 때는 어두운 색의 옷이 잘 팔리고, 정신적으로 힘들 때는 거친 색의 옷을 선호한다고 한다. 나는 기분이 가라앉으면 일부러 밝은 색의 옷을 입는다. 그것만으로도 의욕이 생기니까 말이다. 색의 활용은 당신의 답답한 세계에 활기를 불어넣어줄 것이다.

87

당신의 매너,
당신의 나이에서 **5살을 더 높여라**

일반적으로 일본인은 매너가 좋다. 통계에서도 나타나듯 일본인의 매너는 세계적으로 유명하다. 내가 아는 한, 일본인은 여행지에서든, 회사에서든, 가정에서든 매너가 좋다. 자동차를 몰 때도, 전철을 탈 때도, 거리를 걸을 때도, 규칙을 잘 지키는 편이다. 좁은 공간에서 고락을 같이하면서 습득한 자연스러운 삶의 지혜인지도 모르겠다.

그런 생각을 갖고 있어서인지 요즘 규칙을 잘 지키지 않거나 매너가 없는 사람들을 보면 서글퍼진다. 나는 매너도 옷차림의 하나라고 생각한다. 특히 그 사람의 매너는 옷차림보다 다섯 살 또는 그 이상으로 보이도록 해야 한다. 그것이 당신의 매너 나이다.

가령 겨울에 다른 회사를 방문할 때는 사무실에 들어가기 선 코트를 벗어 손에 들고 들어가는 것이 기본 매너다. 그리고 악수는 오른손으로 해야 한다. 물론 그 전에 장갑을 벗고 악수하는 것은 상식이다.

식사를 할 때도 지켜야 할 매너는 숱하게 많다. 일본 요리나 프랑스 요리 등 일을 하다 보면 각종 음식을 먹게 되는 회식이 잦다. 조금씩 경험치를 올리면 익숙해지겠지, 라고 생각했다가는 큰 코 다친다. 스물아홉 살의 당신에게 그런 매너를 일일이 가르쳐주는 사람은 없기 때문이다. 매너 없는 행동을 했을 때, 다시는 그 사람을 안 보면 된다고 생각하는 사람이 늘어나고 있기 때문에 스물아홉 살의 당신은 스스로 자신의 매너에 책임을 져야 한다.

그러려면 적극적으로 매너에 대해 공부를 해나가야 한다. 두 달에 한 번꼴로 매너에 관한 책을 사서 읽어라. 매너에는 여러 유래가 있기 때문에 술술 읽힐 것이다. 매우 세련되었지만 매너가 꽝인 사람과는 두 번 다시 만나고 싶지 않은 것이 사람 심리다. 누군가를 사로잡고 싶다면 지금 당신의 매너를 향상시켜라.

88

나르시시스트가 되어라,
당신은 충분히 그럴 자격이 있다

부드럽고 조용하게 걷는 모습은 아름답다. 아름답게 걷는 모습은 때론 감동까지 준다. 외국에서 사는 지인이 내게 이런 말을 한 적이 있다.

"일본인을 보면 좀 안타깝습니다. 조금만 더 자신의 걸음을 의식하면서 걸으면 한결 멋지게 보일 텐데요."

이렇게 지적하는 사람은 그뿐만이 아니라 사실 꽤 많았다. 한번 당신의 걸음걸이를 살펴보아라. 아마 자신의 걸음걸이는 스스로 쉽게 파악할 수 없을 것이다. 그렇다면 지금 당장 거리로 나가 10분간만 거리를 걷는 사람들의 모습을 지켜보라. 아름다운가? 멋진가? 아마도 그런 사람이 좀처럼 눈에 띄지 않을 것이다.

각자 걷는 방법이 다르기 때문에 어떤 걸음걸이가 아름답고 멋지다, 라고 특정 지어 말할 수는 없다. 하지만 분명 멋진 걸음걸이, 아름다운 걸음걸이는 존재한다. 특히 누군가에게 보이기 위해 걷는 걸음걸이는 아름답다. 왜냐하면 의식하고 걷기 때문이다.

여담이지만 격투기를 하는 사람이나 무용하는 사람은 기본적으로 아름답게 걷는다. 그들은 혼자 걸어도 누군가 자신의 걸음걸이를 보고 있다고 생각하기 때문이다. 아름다운 걸음걸이는 지금 당신의 옷차림을 한층 돋보이게 하고, 능동적인 이미지를 만들어준다.

아름답게 걷는 방법에 대해 조금 열거하자면 이렇다. 먼저 좌우의 견갑골을 뒤로 잡아당기듯이 걸어보라. 이렇게 하면 힘들이지 않고 가슴을 펼 수 있으며 가슴도 보기 좋게 움직인다. 몸이 땅 쪽으로 숙여지지 않기 때문에 자연스럽게 얼굴이나 턱이 앞을 보게 되고 어딘가를 향해 걷고 있는 듯한 느낌을 준다.

걷는 모습은 당신이 생각하는 것 이상으로 주위 사람에게 깊은 인상을 남긴다. 지금부터 아름답게 걷는 연습을 해보자. 당신은 자신을 한층 아름답게 보이도록 노력하는 나르시시스트가 되어야 한다. 그래야 당신이 발전한다. 느닷없이 누군가가 사진을 찍어도 멋지게 찍히는 사람이 될 수 있을 때까지 노력을 멈추어서는 안된다.

89
당신의 이미지,
당신이 선택한 쇼핑에서 나온다

유명한 종합격투기 선수이자 작가인 스토 겐키須藤元気는 옷깃이 없는 옷을 입을 때는 반드시 안경을 쓴다고 한다. 지적인 인상을 주기 때문이라고 하는데 이렇게 보이고 싶으니 이렇게 입는다, 라는 원칙을 지키는 것이다. 나 또한 마찬가지다. 나는 나만의 이미지를 만들기 위해 나와 어울리는 디자인, 좀 더 감각적인 디자인을 우선시한다. 다소 비싸도 나의 이미지를 만들기 위해서라면 과감하게 투자하는 편이다. 경제적으로 힘들다면 다른 부분에서 절약한다. 내 경험상 이렇게 고른 물건은 애착이 간다.

당신은 주변의 사람들이 당신이 지닌 물건으로 당신의 이미지를 판단한다는 사실을 잊어서는 안 된다. 당신이 지닌 물건에는 당신의 인간성이 담겨 있기 때문이다. 사람들은 무심코 책상 위에 올려놓은 펜이나 수첩을 보고 당신을 평가한다. 당신은 몸에 걸치는 모든 것으로 당신 자신을 프레젠테이션하고 있는 것이다.

90

당신의 **손**에
집중하는 사람이 있다

몸 중에 유독 사람의 눈길을 끄는 것이 있다. 그것은 바로 손이다. 영업사원이 팸플릿을 내밀 때, 프레젠테이션 자료를 돌릴 때 당신의 손은 사람들 눈에 그대로 노출된다. 특히 영업을 할 때는 고객이 당신의 손에 집중한다는 사실을 잊어버려서는 안 된다. 그래서 난 당신에게 손의 청결성에 대해 강조하고 싶다. 청결할 뿐 아니라 모양도 예쁘면 금상첨화다.

요즘 들어 네일숍을 찾는 사람들이 늘어가고 있다. 커플 좌석이 준비되어 있는 가게까지 있다. 차마 이런 데 가기가 뭐하다면 손을 깨끗하게 씻고 꼼꼼하게 핸드크림을 발라주어야 한다. 손이 거칠어지지 않도록 하는 것이 중요하다.

당신의 헤어스타일에 대해서도 주목할 필요가 있다. 일부러 머리를 기르고 있다면 모르겠지만 더벅머리가 될 정도로 무관심하면 안 된다. 극단적으로 말하자면 이런 모습으로 돌아다니는 것은, 회사에 출근하는 것은, '나는 자기 관리를 잘 못하는 사람입니다'라고 광고하고 다니는 것과도 같다.

나는 한 달에 한 번은 꼭 머리를 깎는다. 미리 날짜까지 정해놓았다. 그날이 되면, 난 제일 먼저 헤어숍을 찾는다. 담당 스타일리스트가 있을 정도다. 당신, 한 달에 한 번은 자신의 겉모양을 정리할 필요가 있다. 바쁘다는 핑계로 멀리했다간 당신 근처에 아무도 앉아 있지 않을 것이다.

10장

29살,
당신의 브랜드가 있는가?

91

29살에 **당신이 꼭 해야 할 일**은
당신만의 브랜드를 구축하는 것이다

당신은 '브랜드' 하면 무슨 생각이 떠오르는가?

고급스런 핸드백? 트렌드에 맞는 옷? 전국적으로 유명한 식재료? 아마도 여러 가지가 있을 것이다.

우리는 브랜드라는 말을 자주 쓰지만 그 의미를 물어보면 다들 고개를 갸웃거린다. 이 질문에 즉각 대답할 수 있는 사람은 흔하지 않다. 브랜드 전략의 세계에서는 '브랜드는 곧 기억'이란 정의가 있다. 회사나 가게 또는 상품이나 서비스에 대해 소비자가 기억하는 것 또는 시장 전체에 알려져 있는 것이 브랜드라는 것이다.

예를 들어, '저 회사가 내놓는 상품은 늘 ○○하다' '저 가게는 언제나 ○○한 느낌이다'와 같은 소비자의 기억이 바로 브랜드라는 말이다. 이를 다른 관점에서 보면 또 다른 정의가 떠오른다.

'브랜드는 곧 약속이다!'

요컨대 상품이나 서비스에 대한 구매자의 기억 또는 기대를 판매자가 절대 배신하지 않는다고 약속하는 것이 브랜드라는 말이다. 이런 약속을 안정적으로 지켜나가는 회사나 상점이 브랜드를 가진 회사인 것이다.

그렇다면 자신을 브랜드화 한다는 말은 무엇일까? 회사의 브랜드와 같은 원리다. "A는 어떤 사람?" 하고 물었을 때, "A는 OO하고 OO한 사람. OO를 잘하고, OOO도 해낼 수 있는 사람"과 같은 대답, 즉 그에 대한 특정한 기억이 있다면 A는 자신의 브랜드를 갖고 있는 것이다.

그런 A라면 안정적으로 자신의 브랜드, 즉 자신에 대한 기억을 주위 사람에게 발산해나갈 수 있다. A는 그야말로 '기억'과 '약속'이라는 브랜드의 정의에 부합되는 인물인 것이다.

당신이 브랜드가 되라는 것은 결코 자신을 장식하거나 외모를 가꾸라는 의미로만 말하는 것이 아니다. 당신이 누구인지를 주위에 확실히 알려야 한다. 그리고 사람들이 "당신은 역시 OO!"라고 떠올릴 수 있도록 자신의 특성을 확립해야 한다. 조직의 시대에서 개인의 시대로 변하고 있는 요즘, 당신은 당신 자체를 브랜드화 하는 데 앞장서야 한다. 그것이 당신의 경력을 좌지우지하기 때문이다.

92

당신을 둘러싼 소문,
당신의 브랜드가 만들어진다

'아마존'의 창업자인 제프 베저스는 "브랜드는 당신이 없는 곳에서 사람들 입에 오르내린다"라고 말했다.

이 말은 사람들 머릿속에 당신에 대한 기억이 확실하게 박혀 있으면 당신이 그 자리에 없더라도 화제의 중심이 된다는 뜻이다. 이것은 브랜드의 핵심을 찌르는 말이다.

당신의 브랜드를 생각할 때 가장 주목해야 할 점은 당신의 현 상태를 파악하는 것이다. 먼저 당신에 대한 소문이 어떤지 살펴보아야 한다.

'당신에 대해 어떤 사람들이 이야기하고 있는가?'

'당신에 대해 어떤 점을 부각시키고 있는가?'

'당신은 어느 곳에서 등장하고 있는가?'

'당신이 화제의 중심이 될 때 반드시 나오는 말은 어떤 것인가?'

'당신의 별명은 무엇인가?'

근거 없는 상상이라도 괜찮으니 잠시 시간을 내어 생각해보기 바란다. 그것이 어려우면 누군가 당신을 소개하는 상황을 떠올려보자.

당신의 친구는 당신을 처음 만나는 사람에게 어떻게 소개하는가? 이름과 직업 또는 연령 이외에 무슨 말을 하는가? 잠깐 책을 덮고 지난날을 돌이켜보기 바란다. '당신을 둘러싼 소문'에 주목하라. 이것이 당신의 브랜드를 만들기 위한 출발점이다.

93

브랜드 파워가 높은 사람
vs 브랜드 파워가 낮은 사람

요즘 일부에서는 회사의 브랜드 파워를 무형자산으로 재무제표에 기재하는 움직임이 일고 있다. 하지만 브랜드 파워는 공기와 같은 것이기 때문에 측정하기가 매우 어렵다.

게다가 브랜드 파워의 순위를 들여다보면 모든 사람들이 납득할 수 없는 점들을 찾을 수 있다. 그래서 브랜드 파워를 정확하게 산출하는 것은 결코 쉬운 일이 아니다.

회사의 브랜드 파워를 측정하기도 어려운데 개인의 브랜드 파워를 측정할 수 있을까? 오히려 이쪽이 더 쉽다. 그 사람에 대한 이야기가 어느 정도 나오는가를 기준으로 삼으면 되기 때문이다.

가령 "A는 어떤 사람인가?"라고 물었다고 하자. 많은 사람들이 공통적으로 "A는 이런 사람이다"라고 대답한다. 그리고 그 말을 뒷받침하듯 에피소드가 꼬리를 물고 나온다. 이런 말할 거리가 많으면 많을수록, 또 수준이 높을수록 A는 '브랜드 파워가 높은 사람'이다.

반대로 "A는 어떤 사람인가?"라고 물었을 때, 대부분의 사람들이 무덤덤하게 "음, 좋은 사람이야"라고 대답한다. 그렇다면 A는 나쁜 사람은 아닐지언정 결코 브랜드 파워가 높은 사람은 아니다.

이십 대에서 삼십 대에는 자신의 브랜드 파워에 관심을 기울이고, 그것을 구축하고 향상시키기 위해 적극적으로 노력해야 한다. 브랜드 파워가 높은 사람은 그렇지 못한 사람보다 비즈니스 경력이 화려하다. 그만큼 기회가 많이 주어지고 인맥도 풍부하다는 뜻이다.

당신의 브랜드를 구축하는 것은 지금처럼 불안정한 시대를 살아가는 데 있어 일종의 필수 생존 전략이라고 할 수 있다. 당신만의 브랜드를 확립하고 그 파워를 점점 높이기 위해서는 당신만의 특별한 노력이 절실히 필요하다.

94

사람을 끄는 사람이
브랜드 파워가 높다

당신, 아직도 브랜드 파워가 무엇인지 헷갈리고 있는가? 그렇다면 단순하게 생각해보자. 당신 주변에 사람들이 많이 모이는가? 그렇다면 당신은 브랜드 파워가 높은 사람이다.

유난히 사람들이 많이 모이고, 늘 좋은 기회가 생기고, 항상 생기가 넘치는 사람이 있다. 곰곰이 생각해보자. 당신 주위에 이런 사람이 있는지. 또는 이 책을 읽고 있는 당신이 그런 사람일 수도 있다.

단순하게 재미있는 사람이라서, 늘 밥을 사 주어서, 라는 이유로 사람들이 모이지는 않는다. 먼저 인간적인 매력이 풍부하고 진심으로 시간을 함께하고 싶다는 생각이 드는 사람에게 사람들이 낮밤을 가리지 않고 모이는 것이다. 또는 강한 신념이나 가치관이 있으면 자연스럽게 사람들이 모인다.

당신이 사람들 사이에서 '소문'이 나고 그것을 '기억'하는 과정이 반복되면 당신의 브랜드는 저절로 만들어질 것이며 그 힘은 점점 강해질 것이다.

당신만의 브랜드를 구축하고 싶은데 영 감이 잡히지 않으면 어렵게 생각하지 말고 단순하게 이렇게 생각해보자.

'사람이 모이는 인물이 되자.'

95

지금 짓고 있는 표정,
당신의 배경화면이다

당신이 길을 잃고 헤맬 때면 당신은 그 장소에 있는 주변 사람들에게 도움을 요청할 것이다. 그때 당신은 어떤 사람에게 길을 물어볼까? 아마도 험상궂게 생겼거나 미간에 주름을 잔뜩 잡은 사람에게는 다가가지 않을 것이다. 한눈에 보아도 도움을 거절하지 않을 것 같은 사람을 찾아 길을 물어볼 것이다.

사람이 살아가다 보면 많은 사람들을 만난다. 그리고 그 사람의 얼굴 표정이나 이미지를 통해 그 사람의 좋고 나쁨을 판단한다. 항상 입꼬리가 올라가 있고 표정이 따뜻하면 사람들은 대부분 그 사람에게 선의의 감정을 품는다. 하지만 그렇지 않으면 두 번 다시는 만나고 싶지 않다는 감정을 가질 것이다.

당신은 지금 어떤 표정으로 이 책을 읽고 있는가? 선철을 탈 때나 거리를 거닐 때, 레스토랑에서 음식을 주문할 때나 누군가를 기다릴 때 당신은 어떤 표정을 짓고 있는가?

나는 당신이 평상시 짓고 있는 표정을 당신의 '배경화면'이라고 부른다. 컴퓨터의 모니터나 휴대전화의 액정에 배경화면이 있듯, 당신의 얼굴에도 배경화면이 있는 것이다.

당신이 당신만의 브랜드를 구축하고 싶다면 당신의 표정, 즉 당신의 배경화면에 관심을 기울여야 한다. 그리고 누군가에게 쉽게 다가갈 수 있는 사람이 되도록 표정을 온화하게 가져야 한다.

그래야 당신을 원하고, 사랑하고 무언가를 베풀어줄 수 있는 사람을 만날 수 있다. 웃는 얼굴에 침 못 뱉는다는 속담처럼 당신의 표정에 주목하는 사람들이 많다는 것을 간과해서는 안 된다.

96

왜 기업은
회사 홍보에 수십억 원을 쏟아붓는가?

회사의 컨설팅 업무를 하다 보면 '회사가 고객에게 추구하는 이미지'와 '고객이 갖고 있는 회사 이미지'가 다른 경우가 많다. 이런 간격을 메우기 위해 회사는 브랜드 이미지 홍보 활동에 주력해야 한다.

왜 많은 기업들이 회사 이미지를 좋게 하는 데 수십억 원을 쏟아붓겠는가? 이런 간격을 메우고 좀 더 고객에게 친밀하게 다가가고자 하는 기대 때문에 아낌없이 돈을 투자하는 것이다.

개인적인 브랜드 홍보도 마찬가지다. 당신의 브랜드 이미지를 좋게 하기 위해서는 많은 노력을 기울여야 한다.

먼저 '지금 나의 모습'이라는 주제를 정하고 주변 사람들의 기억이나 소문을 정리해보자.

예를 들어 'OO한 사람으로 여겨지고 있다' 'OO적으로 보고 있다' 'OO를 잘한다고 생각하고 있다'는 식으로 쓰는 것이다.

이번에는 '앞으로 나의 모습'이라는 주제를 정하고 그 옆에 똑같은 방식으로 정리해보자. 예를 들어, '좀 더 OO한 사람으로 여겨지고 싶다'와 같이 쓰면 될 것이다.

그 후 두 가지의 주제를 비교해보자. 지금 나의 모습과 앞으로 나의 모습에 큰 차이가 없다면 아무 문제가 없다. 하지만 차이가 벌어지고 있다면 당신은 그 간격을 메우기 위해 당신이라는 브랜드 홍보에 많은 부분을 할애해야 한다.

이런 노력 없이 세상이 흘러가는 대로 살아가면 아무리 시간이 흘러도 당신은 자신이 원하는 모습을 가질 수 없다. 이것은 당신의 모습, 즉 이미지를 돌이켜보는 작업이다.

시간은 많이 안 걸린다. 불과 10분으로 가능한 자기 분석이지만 당신의 브랜드를 구축하는 데 빼놓을 수 없는 부분이다.

97

당신의 브랜드는
당신의 '의식'에 달려 있다

당신이 자신은 이런 사람이 되고 싶다고 이미지를 구축했다면 이번에는 그런 사람이 되기 위해 노력할 차례다. 이 노력은 당신만이 할 수 있다. 왜냐하면 당신의 브랜드이기 때문이다. 당신이 스스로 만들어가는 방법 외에는 다른 길이 없다.

당신의 브랜드를 만들기 위해서는 당신의 '의식'이 달라져야 한다. 요컨대 당신이 되고 싶은 모습을 일상생활 속에서 얼마나 의식하고 판단하고 행동하는가가 핵심인 것이다.

그렇다면 당신은 매일 당신이 원하는 모습을 어떻게 의식할 수 있을까? 여러 가지가 있을 테지만 한 가지 권한다면 당신이 원하는 모습을 글로 쓰거나 그림으로 그려 매일 보는 것이다. 이것이 의식의 과정이다.

최소한 일주일에 한 번 정도라도 당신이 원하는 모습을 의식한다면 당신의 말과 행동 그리고 결정에 큰 영향을 미칠 것이다. 이것이 반복되면 드디어 당신만의 삶의 방식이 정립된다.

나의 경우, 글로 쓴 목록이 아니라 기호를 이용한다. 평소에 내가 갖고 다니는 소도구나 잡화에는 슈퍼맨의 가슴에 빛나는 'S' 마크가 붙어 있다. 지금 이 책을 쓰는 컴퓨터나 그 옆에 놓여 있는 휴대전화 케이스에도 붙어 있다. 이 사실을 아는 지인들이 슈퍼맨과 관련된 선물을 많이 하는지라 'S'자는 나의 트레이드마크가 되어버렸을 정도다.

이 마크를 사용한 이유는 아주 가볍다. 슈퍼맨 같은 존재가 되고 싶기 때문이다. 실제 'S' 마크는 동기부여를 유지하는 데 크게 도움이 된다.

당신이 당신을 브랜드화 하거나 당신의 브랜드를 만들고 싶다면 우선 당신의 모습을 돌이켜보고, 당신이 원하는 모습을 의식하고, 당신이 변하는 모습을 확인해야 한다. 삼십 대를 맞이하기 전에 이런 습관에 익숙해지면 당신은 더욱 성장할 것이다.

98

당신의 브랜드가
불안정하다면 **색을 활용하라**

앞에서 브랜드는 곧 약속이라고 말했다. 회사는 상품이나 서비스는 물론 고객을 맞이하는 태도 등에서 언제나 수준 높은 품질을 제공할 것이라고 고객과 약속하면서 브랜드 이미지를 구축하기 때문이다.

이런 안정된 모습을 보고 소비자는 안심하고 그 브랜드의 물건이나 서비스를 구매하는 것이다. 그리고 더불어 주변 사람들에게 소개하기도 한다.

이와 마찬가지로 '당신의 브랜드'도 안정감이 있어야 한다. 이 안정감은 당신이 만나고 다니는 사람들에게 신뢰를 안겨준다. 신뢰는 곧 믿음으로 승화되면서 당신의 평가를 끌어올리는 것이다. 당신이 브랜드를 만들고 싶다면, 당신이 브랜드화 되고 싶다면 이 원칙을 꼭 지켜야 한다.

이때 색을 활용하는 것도 매우 좋은 방법이다. 당신이 집을 나선

순간부터 집에 돌아올 때까지 계속 발산하는 분위기의 색을 정해놓는 것이다. 사람들이 당신을 색에 비유한다면 당신은 이미 브랜드화에 성공한 것이다.

내가 활용하는 브랜드의 색은 발색력이 우수한 아쿠아블루다. 이 색은 내가 좋아하는 색이 아니다. 다만 내가 사람들을 만날 때 어필하는 색이다. 앞에서 말한 슈퍼맨의 'S' 마크와 마찬가지로 내 주위에는 이 색의 물건들이 가득하다.

잠시 기분이 처지거나 우울할 때 난 이 색을 통해 동기부여를 하기도 한다. 이 색을 가진 상품이 눈에 들어오면 바로 구매하고 '아쿠아블루와 같은 맑고 청량한 분위기를 낼 수 있도록 정신 차리자!'라고 다짐한다.

당신의 이미지를 대변할 수 있는 색을 찾는 것은 당신의 브랜드에 안정감을 주는 데 크게 공헌한다. 굳이 길게 설명하지 않아도 잠깐 색에 대한 감각을 환기시킴으로써 당신을 기억시킬 수 있기 때문이다. 효과가 좋은 방법이니 꼭 시도해보기 바란다.

99

당신의 브랜드 이미지에 맞는
단어를 선택하고 활용하라

자신만의 브랜드를 가지고 있는 사람은, 또는 마음속에 지니고 있는 사람은, 분위기뿐만 아니라 내뱉는 말도 안정되어 있다. 그 사람은 자신에게 어울리는 단어를 선택해 사용할 줄 알며, 그것을 기회로 확실한 인상을 심어주는 기술을 갖고 있기 때문이다. 그런 사람은 그때그때의 감정이나 희로애락에 따라 난폭한 표현을 쓰지 않는다.

당신도 이런 사람이 될 수 있다. 아주 간단하다. 절대 사용하지 않겠다고 결정한 단어를 정하는 것이다. 당신에게 어울리지 않는 표현이나 당신이 원하는 이미지에 모순되는 표현은 모두 적어 단어장에 수록한다. 그리고 앞으로 절대 이 단어들을 사용하지 않겠다는 규칙을 세운다.

반대로 당신이 원하는 이미지를 만드는 데 공헌하는 단어도 선택해보자. 이런 단어를 즐겨 사용하면 당신이 원하는 모습과 브랜드를 구축하거나 유지하는 데 큰 도움이 될 것이다. 내 경우, 서로 배려하고 화합하는 분위기를 중시하기 때문에 전쟁 용어는 절대 사용하지 않는다. 그리고 즐겨 사용하는 단어는 '우리'다.

우리라는 감각으로, 우리는 더불어 사는 세계의 한 일원일 뿐이라는 감각으로, 팀워크를 이루어 일을 진행한다면 일의 성과는 물론 당신의 정서적인 충족감도 높아질 것이다. 당신 브랜드의 신뢰 또한 높아질 것이다.

100

당신만의 부스터를 만들어라,
그리고 3년마다 갱신하라

우선은 이 페이지까지 읽어온 당신에게 감사의 말을 전하고 싶다. 이것으로서 본문은 끝났다. 지금까지 읽어오면서 당신의 의식이 조금은 변화되었기 바란다.

어쨌든 나는 브랜드 전략의 전문가다. 그래서 회사뿐만 아니라 개인의 브랜드화 작업에도 수없이 참여했다. 그 과정에서 알게 된 사실이 있다. 사람들이 어느 한 정점을 넘으면 급격히 발전하는 모습을 보인다는 것이다.

회사에서나 개인적으로나 전혀 존재감이 없던 사람이 자신을 브랜드화 하면서 갑자기 다른 사람이 된 듯 인기를 모으거나 유능한 프리랜서로 독립하는 사례는 흔할 정도다. 그리고 어디까지 추락할까 예측해야 했던 사람이 불현듯 업계에서 손꼽히는 브랜드를 만들어 세상을 놀라게 했던 적도 있다. 아마도 이 일을 하면서 가장 행복감을 느끼는 것이 이런 때가 아닌가 싶다.

그리고 그 안에서 난 깨달은 것이 있다. '사람은 결코 이름만으로는 발전할 수 없다'는 점이다. 회사 내에서든 부서 내에서든 모두 마찬가지다. 사람이 자신의 활동 무대를 넓혀가기 위해서는 'OO를 만든 A'나 'OO의 일로 유명한 B'처럼 이름 앞에 수식어가 붙어야 한다.

'프레젠테이션의 달인 A' '기획의 천재 B'와 같이 자신의 전문 분야를 만들어야 하는 것이다. 아무리 사소한 능력이라도 상관없다. 포장의 달인이 될 수도 있고, 엑셀의 달인이 될 수도 있다. 회사 내에 자신의 전문 분야를 만들어야 한다.

나는 이 수식어를 '부스터booster'라고 부른다. 당신 앞에 이런 수식어가 붙을 수 있다면 지금보다 더 많은 사람들로부터 주목받을 수 있다.

그래서 나는 컨설팅을 할 때마다 "당신의 브랜드를 구축하고 향상시키기 위해서는 당신만의 부스터를 만드세요"라고 조언한다. 하지만 여기서 간과해서는 안 될 점이 이 부스터는 시간의 흐름과 함께 퇴색해간다는 사실이다.

정말 숨 가쁘게 돌아가는 세상이다. 현 시점에서 3년 전이라고 하면 까마득한 옛날 일이 될 수도 있다. 언제까지나 과거의 실적에 매여 있어서는 안 된다. '예전에는 내가 이런 사람이었는데' 하는 생각과 실적에 매여 있어서는 발전할 수 없다. 그렇기 때문에 3

년 주기로 당신의 부스터를 새롭게 바꾸어나가야 한다.

당신이 아무리 강력한 부스터를 만들었다고 해도 시간이 지나면 그것은 녹이 슬기 시작할 것이다. 녹이 슨 칼로는 부드러운 두부도 가지런히 썰지 못한다. 칼을 날이 선 채로 두기 위해서는 관리하는 쪽에도 신경을 써야 한다.

명심하라, 당신의 부스터가 확실하면 할수록 당신의 위치는 더욱 확고해질 것이다.

답이 없는 시대에 사랑을 보내며
다시 한 번 분발 시간을 가져라

요즘처럼 불안정한 시대에 '이렇게 하면 안 되고, 저렇게 하면 성공한다'와 같이 명확하게 정답을 제시하는 것은 무척 어려운 일이다. 다양한 인종이 존재하듯, 그들 나름에 맞는 삶도 존재하기 마련이다. 어느 것이 정답이라고 꼬집어 말할 수 없기 때문에 이 책이 스물아홉 살을 맞이하는 당신에게, 지금 스물아홉 살인 당신에게, 완벽하게 맞아떨어지리라고는 생각하지 않는다.

그럼에는 이 책을 쓴 이유는, 나의 삶의 방식이 정답이 없는 세상을 사는 젊은이들에게 약간의 실마리나 용기라도 줄 수 있다면 그것으로 행복하겠다는 나의 마음 때문이다.

그래서 나는 둘도 없는 친구인 다카하시 유키와 이런 말을 자주 주고받는다.

"답이 없는 시대에는 사랑을!"

답이 보이지 않는 상황이라면 자신과 동료 그리고 가족 또는 사회와 세계 등 모든 것을 사랑이 가득 담긴 시선으로 바라보는 것이 좋다고 생각한다. 그 안에서 당신이 좋아하는 것을 찾아 시도해보면 많은 것을 느낄 수 있을 것이다. 분명 답이 보이지 않는 상황에서 한 줄기 빛이 보일 것이다.

마치 파랑새처럼 원했던 답이 의외로 가까이 있을 수도 있다. 나는 그런 마음으로 살아가면서 한층 높은 곳으로 날아간 사람들을 수없이 보았다.

나는 이 책에서 인생에서 분발하는 시기를 스물아홉 살로 정했다. 당신의 스물아홉 살이 훗날 긴 인생을 돌이켜보았을 때 두 번 다시 그렇게 노력하며 살았던 적이 없었노라고 당당하게 말했으면 하는 바람에서다.

그리고 다시 한 번 나는 분발 시기를 잡았다. 2011년 1월부터 2112년 6월까지다. 이렇게 말하는 의도 속에는 일본을 대표하는 휠체어 선수이자 나의 소중한 친구인 소에지마 마사준副島正純이라는 존재가 숨어 있다.

그는 2012년에 런던에서 열릴 예정인 장애인올림픽에서 메달 획득을 목표로 하고 있으며, 오늘도 세계 어딘가에서 마라톤 대회에 출전하며 연습에 매진하고 있다. 그와 그를 살뜰히 보살피는 부인을 보고 있노라면, 내가 지금까지 해온 노력은 아무것도 아니라는 생각이 들 정도다.

그래서 나는 런던 올림픽이 열리는 날까지 소에지마 선수와 함께 인생에서 가장 분발하는 시기로 삼고 뛰겠다고 정한 것이다.

이미 많은 사람들이 이 발상에 동참했다. '18개월간 절대 OO를 하겠다' '1년 반 동안 OO를 해내겠다'는 선언과 함께 제각기 삶의 무대에서 소에지마 선수와 함께 액셀을 밟기 시작한 것이다. 스스로 동기부여를 부여하고 그것을 높여가는 데는 분명 한계가 존재한다. 하지만 주위 사람들의 분발하는 모습을 보면 나 자신도 이렇게 있을 수만은 없다는 생각에 힘차게 도약하고 싶어진다. 소에지마 마사준 선수와 부인 소에지마 니유키 씨는 언제나 나에게 분발할 수 있는 힘을 준다. 이 두 사람을 소개해준, 베를린에 사는 이리야마 가오루入山薫 씨에게 이 자리에서 깊은 감사의 말을 전하고 싶다. 또 이 책의 인세 일부는 소에지마 선수가 런던까지 가는 활동을 도와주는 프로젝트인 'My Road to London'에 기부할 것이다.

이 책을 읽고 있는 당신은 어떤 생각이 드는가? 나와 함께 다시 한 번 분발해보지 않겠는가?

당신,

여기서 조금만 더

분발하라!

두려움을 넘어

TOP에 도전하기까지

멈추면 안 된다!

스물아홉,
너를 원하라

두려움을 넘어 Top에 도전하기까지

2011년 9월 01일 초판 1쇄 인쇄
2011년 9월 05일 초판 1쇄 발행

지은이 무라오 류스케
옮긴이 황선종
펴낸이 진성원

Creative Edit Director 홍진희
Creative Marketing Director 윤호성
Creative Design Director 고정선
Outsourcing Editor 우정민

펴낸곳 케이디북스(KD books)
등 록 제307-2003-60호 (2003년 9월 22일)
주 소 서울시 성북구 정릉 3동 653-40 3F
전 화 02-909-2348
팩 스 02-912-4438
이메일 bookkd@naver.com

필름출력 삼보프로세스
종 이 대림지업
인 쇄 명성(표지)·예림(본문)
제 본 한마음

ISBN 978-89-91197-88-6 13300
값 13,000원

이 도서의 국립중앙도서관 출판시도서목록(CIP)은 e-CIP홈페이지(http://www.nl.go.kr/ecip)와
국가자료공동목록시스템(http://www.nl.go.kr/kolisnet)에서 이용하실 수 있습니다.
(CIP제어번호: CIP2011003417)

노력하고, 의식하고, 지켜나가라.
그것이 당신이 세상을 뒤흔들
최고의 무기다.